**ferramentas de PNL**

Coordenação: Deborah Epelman,
Sueli Cassis e Andréia Roma

# ferramentas de
# PNL

Profissionais da área
abordam ferramentas da
PNL para o seu crescimento
pessoal e profissional

1ª edição

Editora **Leader**

São Paulo, 2016

Copyright© 2016 by Editora Leader
Todos os direitos da primeira edição são reservados à **Editora Leader**

*Diretora de projetos*
Andréia Roma

*Diretor executivo*
Alessandro Roma

*Projeto gráfico e diagramação*
Roberta Regato

*Revisão*
Miriam Franco Novaes

*Consultora de projetos*
Érica Ribeiro Rodrigues

*Gerente Comercial*
Liliana Araujo Moraes

---

**Dados Internacionais de Catalogação na Publicação (CIP)**
Bibliotecária responsável: Aline Graziele Benitez CRB8/9922

| | |
|---|---|
| F421 | Ferramentas PNL: profissionais da área abordam ferramentas da PNL para o seu crescimento pessoal e profissional / coordenação de Deborah Epelman, Andréia Roma, Sueli Cassis. – 1. ed. – São Paulo: Leader, 2016. |
| | ISBN: 978-85-66248-67-8 |
| | 1. Programação neolinguística. I. Roma, Andréia. II. Cassis, Sueli. III. Título. |
| | CDD 410 |

Índice para catálogo sistemático: 1. Programação neurolinguística 410

---

**EDITORA LEADER**
Rua Nuto Santana, 65, 2º andar, sala 3 - Jardim São José, São Paulo - SP
02970-000 / andreiaroma@editoraleader.com.br
(11) 3991-6136

O Instituto PAHC - Sociedade Brasileira de Programação em Autoconhecimento e Comunicação, e sua fundadora e parceira Deborah Epelman, em conjunto com a Editora Leader, tiveram uma grande ideia para comemorar seus 25 anos de existência. Para realizar essa meta, contaram com a imprescindível parceria da Editora Leader. Editar um livro que relatasse a experiência de cada aluno formado pelo Instituto com a metodologia da PNL. Uma obra que abordasse, além da teoria, a prática vivenciada por alunos que hoje, além do conhecimento adquirido através da ferramenta PNL, já criaram seu próprio instituto e conquistaram seu espaço no mercado.

Assim, Deborah Epelman relatou todas as ideias que desenhou para esta obra para a editora Andréia Roma, que ao lado de sua equipe apresenta para o mercado mais que um livro comemorativo e sim uma obra que aborda, através de cada um dos capítulos escritos pelos profissionais convidados, suas vivências e práticas ao longo dos anos com a PNL.

A obra revela alunos que hoje são empreendedores e fizeram desta ferramenta sua paixão. Cada um de vocês terá a oportunidade de ler depoimentos emocionantes de como essa metodologia fez e faz diferença na vida de quem a utiliza conscientemente.

Os capítulos estão apresentados na obra em ordem cronológica, ou seja, dos alunos mais antigos aos mais recentes que fizeram sua formação no Instituto PAHC. Geralmente em nossos projetos o padrão é seguirmos a ordem alfabética, porém, neste especificamente mudamos a padronização por ser uma obra diferenciada.

Agradeço a Deborah Epelman e a Sueli Cassis por proporcionar a cada um dos profissionais aqui apresentados a oportunidade de fazer parte desta obra.

Agradeço a Robert Dilts por nos proporcionar e validar com suas palavras sua participação na obra através do prefácio.

Desejo que este livro possa alcançar o maior número de pessoas.

Andréia Roma
Diretora de Projetos e Fundadora
da Editora Leader

# Índice

**Prefácio - ROBERT DILTS** ................................................................. 8

**Introdução - DEBORAH EPELMAN** ..................................................... 10

**Capítulo 1** - Sueli Cassis ..................................................................... 17
O despertar da consciência

**Capítulo 2** - Ana Teresinha Passarella Coelho .................................... 25
Criando um time saudável

**Capítulo 3** - Zodja Pereira .................................................................. 33
PNL e dublagem

**Capítulo 4** - Fernando Santana .......................................................... 45
Aprendendo, transformando e ensinando...

**Capítulo 5** - Paul Michael Sanner ...................................................... 55
Mudança de carreira

**Capítulo 6** - Fátima Palácio ............................................................... 65
C.H.A.R.T.

**Capítulo 7** - Roselake Leiros ............................................................. 75
Emagrecimento sustentável com PNL

**Capítulo 8** - Martha Higashi ............................................................... 85
Relacionamento interpessoal – lidando com pessoas difíceis

**Capítulo 9** - Ana Lícia Silveira dos Reis ............................................. 95
PNL Sistêmica como caminho

**Capítulo 10** - Hilda Medeiros ............................................................. 101
Escolhas

**Capítulo 11** - Ricardo Ferretti ............................................................ 113
Curando sua carência

**Capítulo 12** - Sol Almeida .................................................................. 123
Crenças e valores

**Capítulo 13** - Fátima Caribé Ayres..................................................131
PNL e *Coaching*: uma aliança harmoniosa

**Capítulo 14** - Maria das Dores Almeida de Sousa..................................145
PNL: um olhar sistêmico na superação de desafios

**Capítulo 15** - Armando Moucachen de Sant'Anna..................................159
Os pilares de uma boa aula

**Capítulo 16** - Maria de Jesus A. de S. Vale..........................................171
O que é que te impede?

**Capítulo 17** - Eliane Barion..............................................................183
Carreira: como a PNL pode fazer a diferença

**Capítulo 18** - Vera Zaia...................................................................193
Ancoragem

**Capítulo 19** - Luiz Pinheiro..............................................................201
No controle de suas emoções

**Capítulo 20** - Adriana Chinen............................................................211
Viva melhor usando as ferramentas da PNL

**Capítulo 21** - Léo Artese.................................................................217
Programação Neurolinguística – Xamanismo – Comunicação

**Capítulo 22** - Claudio Shen..............................................................229
Jornada do Herói: como a PNL pode auxiliar na descoberta da sua missão de vida?

**Capítulo 23** - Patrícia Cukier............................................................241
As linhas do tempo na pesquisa transderivacional

**Capítulo 24** - Guilherme Martinelli.....................................................251
A PNL na minha vida

**Capítulo 25** - Fulvius Titanero Guelfi..................................................261
Integrando SOAR-PNL ao *Coaching* da Matriz

# Prefácio

**ROBERT DILTS**
NLP University Santa Cruz, Califórnia

É um grande prazer escrever este prefácio para o novo livro "Ferramentas de PNL". Este trabalho cativante é uma celebração maravilhosa de como a Programação Neurolinguística pode fazer a diferença na vida das pessoas. Esta obra é uma coleção de histórias diferentes de pessoas cujas vidas foram alteradas de forma positiva através da prática de modelos, ferramentas e técnicas de PNL. Os exemplos, partilhados por 25 *practitioners* em PNL, ilustram a surpreendente e cada vez maior gama de aplicações da PNL. Estes artigos envolventes ilustram como a PNL pode ser pragmaticamente empregada em áreas tão diversas como o desenvolvimento pessoal, Odontologia, Educação, escolha de carreira e mudança, *coaching* e *autocoaching*, relações interpessoais, inteligência emocional, criatividade, saúde, dublagem e até mesmo xamanismo.

Um esforço de colaboração excepcional, este livro é também um exemplo de como a inteligência coletiva é a chave para o futuro da PNL. À medida que compartilhamos ideias e aplicações uns com os outros, estimulamos novas ideias e aplicações em outras áreas. Desde seu início, a PNL teve influência de Gregory Bateson, que apontou: "Tudo é uma metáfora para todo o resto".

Tanto o livro quanto os grupos de prática da qual emergiram são frutos da visão sustentada, *sponsorship* (patrocínio) e esforços de Deborah Epelman, fundadora da PAHC (Sociedade Brasileira de Programação em Autoconhecimento e Comunicação). Na verdade, a ideia do livro veio como forma de comemorar o 25º aniversário da PAHC, um dos principais Centros de Treinamento no Brasil.

Conheço Deborah por várias décadas agora e sempre fiquei impressionado com seu nível de energia, compromisso com a excelência e criatividade que ela traz para tudo o que faz. Na verdade, muitas vezes refiro-me à Deborah como minha "irmã espiritual". Uma *trainer*, *coach* e líder excelente, Deborah também inspira outros a serem proativos e perseguirem a sua paixão com confiança, curiosidade e criatividade. Que este livro e seus autores o inspirem a fazer o mesmo!

# Introdução

**DEBORAH EPELMAN**

Psicóloga formada pela OSEC (atual UNISA). Estuda e trabalha com comportamento e desenvolvimento humano há mais de 30 anos. É fundadora da PAHC - Soc. Bras. de Programação em Autoconhecimento e Comunicação. Forma há mais de 20 anos profissionais neste campo, prestando serviços e atuando na área corporativa, em escolas e instituições.
É autora do livro "Mude Sua Vida com PNL", coautora do livro "Ser Mais com PNL", coordenadora dos livros "PNL & *Coaching*" e "PNL para Professores" e coautora do livro "PNL nas Organizações".
Participou como palestrante no Congresso Latino-Americano de PNL em 2003, 2004, 2006, 2010 e 2014.
É membro das comunidades: GTC - *Global* NLP *Training and Consulting Community* (Comunidade Mundial de PNL em Treinamento e Consultoria); NLP *World Health Community* (Comunidade Mundial de PNL em Saúde); NLP *Leadership Project Community* (Comunidade do Projeto de Liderança em PNL); NLP *Millennium Project World Community* (Comunidade Mundial de PNL do Projeto Milênio) e NLP *CommUnity*.
É certificada em "*Success Factor Modeling* I", a mais nova formação ministrada por Robert Dilts, desde 2015.
É NLPU Authorized Copyright User (autorizada a usar material NLP University) e NLPU Affiliated Practitioner e Master Practitioner Certification (representante afiliada à NLPU).
Já formou mais de 80 turmas de *practitioner*, 50 turmas de *master practitioner* e dez turmas de *trainer* em vários Estados brasileiros.

deborah@pahc.com.br
deborahepelman@gmail.com
www.pahc.com.br
www.deborahepelman.com.br

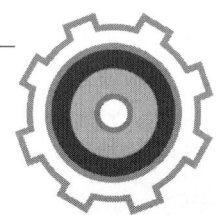

Quando penso no motivo pelo qual estou escrevendo este artigo fico muito mais do que feliz, fico realizada, me sentindo plena, por estar vivendo o que, para mim, é mais do que um trabalho, um meio de fazer dinheiro na vida, é uma Missão de Vida!!

A ideia deste livro apareceu quando meu Instituto, PAHC, estava para completar 25 anos. Ano passado, eu voltava de mais um curso maravilhoso na Universidade de Santa Cruz/CA, com meus queridos mestres/amigos/irmãos Robert Dilts e Judith DeLozier, diretamente para o lançamento do livro "PNL nas Organizações" junto com minha querida Andréia Roma, da Editora Leader, do qual, além de mim, vários de meus ex-alunos também faziam parte como coautores e eu vinha com a ideia de querer comemorar os 25 anos da PAHC, mas ainda não sabia como... de repente tudo ficou tão óbvio!! É claro!! Um livro!! Nada como um livro feito em conjunto com vários ex-alunos (não todos, senão seria uma enciclopédia, nessas alturas temos quase 1.500 alunos formados por nós) falando sobre como a PNL Sistêmica fez/faz diferença na vida deles, e assim enviei *e-mails* a todos e este livro está sendo lançado com todos os que abraçaram a ideia! Estou muito feliz!

Agora peço licença a você, que está me lendo agora, a voltar no tempo, na verdade antes ainda de a PAHC se tornar realidade.

Fiz faculdade de Psicologia por querer ajudar pessoas a viverem melhor. Desde que "me conheço por gente" sempre gostei de observar e procurar ajudar as pessoas em suas questões, mas confesso que na faculdade não encontrei o que estava procurando, pois não me achei nas linhas que aprendi naquele momento. Então, como queria trabalhar, comecei sendo vendedora, até decidir que caminho seguir, na minha área.

E foi quase um ano depois de formada que tive a oportunidade de conhecer a PNL, quando minha tia Sarah fez um curso e insistiu que eu fizesse também. Fiz, me apaixonei, encontrei o caminho que estava procurando e de lá para cá venho acompanhando a evolução da PNL com muita satisfação, pois ela está cada vez mais 'com a cara' que eu a idealizava: a cara do 'Campo', do 'Sistema Maior' do qual fazemos parte, do "Pensamento Sistêmico" da Física Quântica. A cara do ser humano, que é mente, corpo, alma, espírito.

Paralelamente à PNL, estudei várias linhas de crescimento como Sufismo; o 4º Caminho de Gurdjieff/Ouspensky; Xamanismo; o ensinamento sobre a Nova Era de Robert Happé (um filósofo holandês que não segue nenhuma linha específica além de meditações), 'Um Curso em Milagres' e Cabala. Quanto mais me aprofundo nestes temas, mais compreendo a PNL como um dos instrumentos poderosos que temos para nossa evolução.

Quando aprendi PNL em 1984, ela própria ainda estava num estágio mecanicista, ou seja, nos ajudava a trabalhar nossas emoções, a transformar nossa representação interna para que pudéssemos nos sentir melhor e, com isso, nosso ego ficava mais inflado... Durante alguns anos o que podíamos fazer com a ajuda da PNL era: desconectar "circuitos mentais" fóbicos; trabalhar e reestruturar comportamentos indesejados, como, por exemplo, roer unhas; transformar lembranças desagradáveis; trabalhar comportamentos compulsivos, tornando-os "normais"; desconectar respostas limitadoras ligadas a estímulos vindos do meio ambiente; desbloquear capacidades, entre outras coisas.

Atualmente, essa fase inicial da PNL tem sido chamada por Robert Dilts, um dos principais pesquisadores nesse campo, de "1ª Geração – a Mente Cognitiva".

A partir de 1987, com a descoberta do trabalho com o corpo através das chamadas âncoras espaciais, do que foi chamado de "New Code" (Novo Código), se abria um espaço para começarmos a entender outras dimensões além da nossa, a PNL começou a entrar em sua própria evolução, nos mostrando que as possibilidades de crescimento estavam só no início.

Este novo código trouxe a possibilidade de transformarmos informações na fisiologia, entendendo que estou separando mente e corpo apenas didaticamente, como forma de explicação, pois já é sabido que eles formam um Sistema Cibernético, ou seja, atuam ao mesmo tempo, todo o tempo, um mandando informações ao outro e ambos registrando informações percebidas através do ambiente.

Trabalhar com o corpo ampliou tanto as possibilidades da PNL que atualmente este momento tem sido chamado de "2ª Geração – a Mente Somática" e, logo em seguida, Robert Dilts, Judith DeLozier e Todd Epstein passaram a chamar seus estudos e pesquisas de PNL Sistêmica, pois estas novas informações estavam cada vez mais diferenciando este método da chamada PNL tradicional, que continua trabalhando apenas a Mente Cognitiva.

Foi nessa época, em outubro de 1990, que a PAHC foi fundada por mim, minha tia Sarah e minha amiga/irmã Teca. Elas ficaram comigo até 1993 e depois resolvemos que cada uma seguiria seu próprio caminho, pois queríamos fazer coisas diferentes. Eu tinha o sonho de formar pessoas/multiplicadores, nesse campo, para ter cada vez um número maior de pessoas **"fazendo um mundo melhor"** através das Ferramentas da PNL – este livro é fruto desse plantio, para minha enorme satisfação.

E vamos voltar à história da PNL, que, por graça do 'destino', tive a alegria de acompanhar.

Robert Dilts, para mim, é um dos autores e cocriadores que mais se destacou nos estudos e descobertas da PNL Sistêmica. Através da Teoria do Campo Unificado, da PNL Generativa e do Modelo Tridimensional, Dilts nos demonstrou que fazemos parte de algo muito maior do que nossos cinco sentidos podem perceber e, principalmente, que a PNL Sistêmica também pode nos ajudar nestas tantas dimensões.

Também a partir desse novo código, Dilts chegou à chamada "2ª Posição", que tem permitido que ele pesquise gênios como Einstein, Disney e seres de luz como Buda e Cristo. Com estas pesquisas, a PNL Sistêmica avançou mais no campo espiritual e hoje temos técnicas com as quais podemos trabalhar este lado.

Dilts se uniu com Robert McDonald para escrever o livro *"Tools of the Spirit"* (Instrumentos do Espírito – ainda não traduzido), onde descrevem como trabalhar inclusive com o chamado lado "sombra". Tanto Dilts quanto McDonald têm se aprofundado cada vez mais no trabalho em nível espiritual, nos ajudando a viver com Amor, Compaixão, Harmonia e Sabedoria.

Dilts também se uniu a outras pessoas: Tim Hallbom e Suzi Smith. Eles têm desenvolvido muitos trabalhos relacionados com a Cura Integral do Ser Humano, com a saúde em vários níveis: físico, emocional e espiritual. Através da "Formação em Saúde" – curso desenhado para Master Practitioners – eles vêm ensinando essas técnicas em todo o mundo. Quem realiza esta formação passa a fazer parte da "Comunidade Mundial de PNL em Saúde para o Século XXI". Nesta área já temos resultados significativos de cura em casos de miopia, astigmatismo, vitiligo, alergias, emagrecimento, vícios, câncer, entre muitas outras doenças.

Nessa linha de pensamento acreditamos que todas as doenças têm fundo emocional, ou seja, que para termos alguma doença física há algum desequilíbrio emocional que necessita ser curado, algo que nossa mente envia como informação ao corpo através da doença. É o Ser Integral ou Holístico que se cura. O Brasil é o 5º país no mundo a ter um grupo de terapeutas membros desta comunidade.

Quanto mais estes pesquisadores se aprofundam na Cura Integral do Ser Humano, mais eles percebem que fazemos parte de algo maior, a que eles deram o nome de Sistema Maior, e que, por estarmos conectados, precisamos trabalhar também nossas relações, e assim surgiu a chamada "3ª Geração – a Mente de Campo, que se Relaciona".

A Física Quântica vem comprovando que somos seres formados de Energia, que na verdade tudo é energia, e a PNL Sistêmica aproveita estes estudos científicos para permitir que nós possamos transmutar o que pode estar limitando nossa vida também energeticamente falando, ou seja, percebendo que podemos tirar de nossa Energia aquilo que não for nosso.

Atualmente, Dilts vem estudando e aproveitando estudos de outros pensadores, como Richard Moss, criador da Mandala do Ser, instrumento desenvolvido para facilitar o alcance do chamado "Estado Presente"; Gabrielle Roth, autora dos chamados "Cinco Ritmos", trabalho corporal que visa consciência e presença; e, a partir destes estudos, vem desenvolvendo vivências com a PNL Sistêmica que nos ajudam a ficar mais no Tempo Presente, centrados e conectados com o que podemos chamar de Essência, de Alma, de Eu Superior ou como cada um queira chamar seu Eu Verdadeiro.

Após todos estes estudos, continuo entendendo cada vez mais que o que muitas linhas de crescimento chamam de meditação, a PNL Sistêmica chama de técnica: com o nosso Reimprinting (regressão) podemos resgatar os chamados *karmas*; com o trabalho de Libertar os Laços com a Sombra podemos equilibrar o Bem e o Mal dentro de nós; com a PNL Generativa podemos deixar bem forte a realidade de que somos parte de algo muito maior que vai muito além da vida física; podemos equilibrar aspectos do ego e da alma; com a Psicogeografia podemos resolver questões de relacionamento com pessoas de nossa família, do nosso meio social ou profissional, mesmo que estas pessoas já não façam mais parte da nossa vida fisicamente. É claro que estou dando apenas alguns exemplos...

Com todos estes caminhos de transformação interna, podemos alterar aquilo que nos impede de sermos nós mesmos, ou seja, todos os aprendizados adquiridos no decorrer da vida através de experiências, da família, da cultura, da religião, da mídia, entre tantas outras formas que temos de captar informações, encontrando com mais facilidade nosso Verdadeiro Eu.

Por tudo isso, eu considero a PNL Sistêmica um instrumento para a evolução do ser humano e fico muito feliz por ser uma das facilitadoras deste despertar e por ter formado inúmeras pessoas que vêm ajudando outras a despertarem e por ter algumas delas agora escrevendo este livro comemorativo...

Eu e Sueli Cassis, que trabalha comigo há mais de 20 anos, lemos todos os artigos com muito carinho, com a intenção de ter certeza de que as informações aqui escritas, na parte técnica, correspondem ao que conhecemos e aprendemos com o mestre Dilts e seus companheiros de pesquisa.

E você, leitor, terá a oportunidade de saber como a PNL Sistêmica fez e faz diferença na vida de quem a aprende e conhecerá algumas práticas que poderá fazer e também entrar no mundo de quem usa a PNL conscientemente para um mundo melhor, que começa dentro de cada um de nós e reverbera por todos os Sistemas dos quais fazemos parte!

Boa jornada!!!

**ferramentas de PNL**

# O despertar da consciência

Sueli Cassis

1

## Sueli Cassis

Psicóloga, especialista em Psicologia Clínica e Organizacional. Realiza treinamentos e ministra aulas na área de Relações Humanas na Academia de Polícia Civil de São Paulo desde 1986. Formada em PNL Sistêmica pela PAHC (Programação em Autoconhecimento e Comunicação) há 20 anos, em que atua como *trainer* em PNL Sistêmica ministrando cursos de aplicação e formação desde então. *Coach*, palestrante e consultora em PNL Sistêmica, atuando individualmente em consultório bem como em empresas. *Master practitioner* em Terapia da Linha do Tempo, formada pela Meta Processos Avançados, fazendo uso dessas técnicas como complementação em sua atuação em PNL Sistêmica. Formação em Saúde com Robert Dilts, Suzi Smith, Tim Hallbom e Allan Ferraz em 1995, tornando-se membro da "Comunidade Mundial de Saúde com PNL". *Master trainer* em Programação Neurolinguística pela NLP University, em Santa Cruz/Califórnia, em 2011, tornando-se membro da "GTC – Global NLP Training na Consulting Community".

Artigos publicados como coautora em livros da Editora Leader: "PNL e *Coaching*", com o tema "Ego e Alma na visão da PNL Sistêmica"; "Liderança Estratégica", com o tema "Liderança & Geratividade"; "Psicologia e *Coaching*", com o tema "A Consciência do Ser e o Pensamento Sistêmico"; "PNL para Professores", com o tema "Professor – O Despertador da Excelência Humana"; "PNL nas Organizações", com o tema "Criatividade Disney – A Estratégia da Genialidade" e "A Bíblia do *Coaching*", com o tema "Os Sete Cs – Interferências na Conquista dos Objetivos".

(11) 99111-1106
suelicassis@hotmail.com
www.pahc.com.br

**A Lógica de Einstein!**

Conta certa lenda que estavam duas crianças patinando num lago congelado.

Era uma tarde nublada e fria, e as crianças brincavam despreocupadas.

De repente, o gelo quebrou e uma delas caiu, ficando presa na fenda que se formou.

A outra, vendo seu amiguinho preso, e se congelando, tirou um dos patins e começou a golpear o gelo com todas as suas forças, conseguindo por fim quebrá-lo e libertar o amigo.

Quando os bombeiros chegaram e viram o que havia acontecido, perguntaram ao menino:

— Como você conseguiu fazer isso? É impossível que tenha conseguido quebrar o gelo, sendo tão pequeno e com mãos tão frágeis!

Nesse instante, um ancião que passava pelo local comentou:

— Eu sei como ele conseguiu.

Todos perguntaram:

— Pode nos dizer como?

— É simples — respondeu o velho.

— Não havia ninguém ao seu redor para lhe dizer que não seria capaz.

(Albert Einstein)

Vejam só! Aqui estou eu, mais uma vez refletindo sobre o que vou escrever... Desta vez, não me cabe apenas escrever sobre mais um tema em coautoria com profissionais competentes dispostos a compartilhar suas ideias; além disso, e mais que isso, trata-se aqui da colheita de frutos de uma vida dedicada a aprender com as pessoas, da sede de aprender a aprender, de um desejo intrínseco de estar junto com os amigos de jornada evolutiva.

É com imensa gratidão que me coloco neste livro diante de pessoas especiais que compartilharam suas experiências e que me ajudaram tanto na consciência e na realização de minha Missão. Ter recebido o convite para colaborar como coordenadora desta obra foi motivo de emoção e uma oportunidade de reflexão acerca do caminho que escolhi, resultando em ratificar que valeu e continuará valendo acreditar que é nos encontros, desencontros e reencontros que o crescimento, amadurecimento e evolução acontecem.

Lendo os artigos contidos neste livro senti saudades daqueles que já não vejo há algum tempo, emocionei-me com depoimentos de transformação, envolvi-me com lembranças dos cursos e da convivência que tivemos, das alegrias e dos desafios que cada um enfrentou até terminar sua formação. São tantas histórias que mereceriam um livro somente para revivermos os aprendizados que desfrutamos juntos.

Mesmo conhecendo conscientemente a PNL já completados meus 40 anos de idade, percebi que de algum modo "minha programação neurolinguística" conduziu-me desde cedo a estar aqui. Já que as crenças norteiam e motivam meus movimentos na vida, acredito que "A energia flui para onde a atenção está".

Desde muito cedo, estar com pessoas fazendo com elas aquilo que aprendi e compartilhando com elas foi uma constante. Quando me perguntavam "O que você quer ser quando crescer?" minha resposta era: "Vou ser professora", talvez por ser a forma mais próxima que conhecia de fazer o que gostava de fazer. Mesmo muito tímida e envergonhada, defrontava-me desde criança com situações onde me expor parecia inevitável e eu me via envolvida em ter de passar para as pessoas o que havia aprendido de novo. O novo estava sempre a me encantar e eu a enfrentá-lo.

Não me lembro de quando foi a primeira vez que ouvi falar de Psicologia; o que me lembro é de que minha decisão por seguir essa carreira aconteceu quando cursava o Magistério. As professoras de Psicologia, de Filosofia, de Desenvolvimento e Educação Infantil falavam do ser humano com tanta propriedade e respeito que me levavam à curiosidade diante da possibilidade de poder desvendar os mistérios do inconsciente. Aliás, entender a magia da formação do corpo humano a partir de duas pequenas células já era algo que me intrigava; compreender como surgia o pensar e a subjetividade do pensamento dentro desse corpo, então, me fascina até hoje.

Durante cinco anos na faculdade aprendi como surgiu a Psicologia, como foi reconhecida como uma ciência, bem como vivenciei experiências nas diferentes linhas de pensamento e abordagens de como lidar com o ser humano e seus problemas nas diferentes áreas de sua abrangência (Pessoal, Educacional, Profissional, Organizacional etc.). No entanto, faltava algo que não conseguia detectar e que eu sabia ser o mais importante para acompanhar uma pessoa no processo de descoberta de seus movimentos, especialmente os mais sutis e imperceptíveis no nível consciente, que são os que fazem acontecer o que acontece, que fazem a experiência, seja ela possibilitadora ou limitante, que fazem com que esta pessoa consiga o que consegue, perceba suas estratégias e descubra aquilo que ela "não sabe que sabe" e que faz a sua vida ser como ela é.

Desde que me graduei em Psicologia venho procurando o aprimoramento nessa área e tenho me deparado com várias linhas de pensamento e atuação dedicadas ao conhecimento humano e suas possibilidades infindas de evolução. O que percebo é que todas elas em algum ponto se fundem ou confundem.

Nessa busca, em 1992 fui convidada para assistir a uma palestra sobre Programação Neurolinguística, o novo, de novo à minha frente, e algo dentro de mim despertou...

— Achei! Me achei! Como não pensei nisso antes!?!

Hoje sei que a questão deveria ser: "Como não percebemos que sabemos tanto e a falta de consciência nos faz sentir bem menos capazes do que realmente somos? Sabemos fazer tão bem os nossos problemas! Por que não colocamos nossa atenção nas soluções que lhes são implícitas?

Até aquele momento, aprendi muito, mas faltava algo que me fizesse sentir realmente como alguém que compreendia o ser humano.

A resposta para iniciar essa nova etapa da minha vida pessoal e profissional encontrei nas palavras de Robert Happé, um filósofo de nossos dias: "Consciência é a resposta".

E assim comecei minha jornada; e o primeiro despertar para essa consciência foi escolher a Programação Neurolinguística Sistêmica, que adotei como uma filosofia de vida.

Em 1994 minha energia me conduziu para fazer minha formação na PAHC – Sociedade Brasileira de Programação em Autoconhecimento e Comunicação, num curso brilhantemente conduzido por Deborah Epelman e suas duas assistentes, igualmente competentes, Lislaine Aparecida Prando e Têre Passarella, de quem preservo a amizade até hoje e por quem tenho imensa gratidão pelo acolhimento e conhecimento que compartilharam. Participei da segunda turma de *Practitioner* da PAHC, da primeira de *Master Practitioner* e da primeira de *Trainer*.

Em 1995 fui convidada por Deborah Epelman (queridíssima, de alma grandiosa) para fazer parte de sua equipe como assistente e, posteriormente, como instrutora nos cursos da PAHC. Desde então me dedico ao aprofundamento no conhecimento da PNL Sistêmica; participei de cursos onde conheci Robert Dilts, Judith Delozier, Tim Hallbom, Suzi Smith, Stephen Gilligan, acompanhando a evolução das suas pesquisas e, cada vez mais, venho reafirmando minha decisão de compartilhar as ferramentas aprendidas em treinamentos, cursos de aplicação e formação, bem como atuando em consultoria individual, procurando contribuir com o que me cabe para o despertar das infinitas possibilidades de felicidade que cada pessoa pode conquistar.

Conheci a PNL como sendo uma metodologia que se baseia em modelos de pensamento, em estratégias que geram ações em direção a um determinado resultado. É uma arte-ciência que se utiliza de Programações Neurolinguísticas para aprimorá-las, transformá-las ou gerar novas programações. É a arte-ciência de todo ser humano, da qual é praticante desde o instante em que é gerado.

No entanto, o que realmente me motivou a entranhar nesta metodologia não foi somente a sua magia em promover a evolução do ser humano, mas a visão da magia inerente a cada um de nós e da qual muitos não se dão conta, do inesgotável potencial de realização, interação e influência sistêmica do qual somos dotados.

Com o desenvolvimento da PNL Sistêmica, a compreensão do ser humano foi ampliada para além de uma estrutura neurológica que se manifesta de forma programada e programável. Além disso, há algo mais profundo e indissociável do ser humano que faz com que essa estrutura explicável aconteça; existe uma força, essência ou energia única de vida, não racional e não aprendida, que chamamos de "alma" e que se expressa através de nosso corpo e de nossa ligação ou conexão com os campos maiores que nos rodeiam. Entendi, então, o verdadeiro sentido de querer o que quero, de estar onde estou, com quem estou e além do que Sou, para quê Sou. Entendi o sentido de "pertencer ao mundo" e da minha responsabilidade em contribuir com o ainda pouco que aprendi e venho aprendendo, fazendo o que sei e gosto de fazer.

A PAHC faz parte da minha história e me sinto grata por merecer fazer parte da sua história há mais de 20 anos. Todos aqueles que passaram pela PACH têm sua história e fazem parte da nossa história. Não existe acaso; a "energia flui para onde a atenção está" e assim estamos nós aqui juntos novamente, para comemorarmos os 25 anos desse lugar no mundo que tanto tem se empenhado para unir pessoas com o ideal de fazer um mundo melhor. Juntos damos nosso melhor, buscando a conexão com o campo de infinitas possibilidades para encontrar os melhores recursos, para crescer individualmente, procurando ser exemplos e encontrar modelos para oferecer alternativas de crescimento coletivo. Cada texto deste livro li com carinho e agradecimento, pois cada um trouxe-me um ensinamento, ampliando meu modelo de mundo, trazendo-me a consciência de que minha Missão está sendo cumprida, Missão que compartilho com a da PAHC, com Deborah Epelman e Fernando Santana (amigos, companheiros, mestres e *sponsors*).

Sei que a PNL não é o único caminho; é mais um caminho, uma escolha dentre tantas que o Universo nos oferece. Foi essa a minha escolha e não estaria sendo congruente com minha alma se guardasse tudo que aprendi somente para mim. Compartilho consciente do meu tamanho e do meu papel; sei que posso ser ouvida ou não, ser entendida ou não, ser vista ou não, mas assim como despertei desejo imensamente que os coautores e leitores desfrutem das lições de vida e ensinamentos depositados neste livro.

Iniciei com uma metáfora de Albert Einstein, cuja inteligência e ousadia admiro, e peço licença para encerrar com mais uma de suas citações, que considero retratar minha jornada e o significado da PNL Sistêmica na jornada evolutiva de todos.

"Sabemos como é a vida: num dia dá tudo certo e no outro as coisas já não são tão perfeitas assim. Altos e baixos fazem parte da construção do nosso caráter. Afinal, cada momento, cada situação que enfrentamos em nossas trajetórias é um desafio, uma oportunidade única de aprender, de se tornar uma pessoa melhor. Só depende de nós, das nossas escolhas...

Não sei se estou perto ou longe demais, se peguei o rumo certo ou errado. Sei apenas que sigo em frente, vivendo dias iguais de forma diferente. Já não caminho mais sozinho, levo comigo cada recordação, cada vivência, cada lição. E, mesmo que tudo não ande da forma que eu gostaria, saber que já não sou a mesma pessoa de ontem me faz perceber que valeu a pena.

Procure ser uma pessoa de valor, em vez de procurar ser uma pessoa de sucesso.

O sucesso é só consequência."

(Albert Einstein)

**ferramentas de PNL**

# Criando um time saudável
## A aplicação da Estratégia de Criatividade Disney para melhorar o seu jogo interior

Ana Teresinha Passarella Coelho

2

### Ana Teresinha Passarella Coelho

*Trainer* e consultora em Programação Neurolinguística com certificação pela NLP University, International Association for NLP e International Association of NLP Institutes. *Master coach* com certificação pela International Association of Coaching Institutes e European Coaching Association.
Treinada em Hipnose Ericksoniana por Jeffrey K. Zeig, Stephen Gilligan, Stephen Paul Adler, e Betty Alice Erickson. Tradutora e intérprete, formada pela Faculdade Ibero-Americana de Letras e Ciências Humanas, pós-graduação em Medicina Comportamental pela Escola Paulista de Medicina – Unifesp.

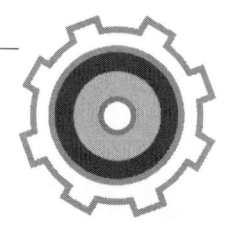

(11) 5581-4073
(11) 98913-1974
terepassarella.com

**ferramentas de**
# PNL

Se você tem a impressão de que sonha demais e realiza de menos, ou que faz, faz, faz e não tem tempo nem para sonhar, ou que sua voz crítica parece nunca silenciar, ou se vivencia alguma combinação desses problemas, talvez este artigo seja para você. A Estratégia de Criatividade Disney - Criando um Time Saudável vai além da criatividade, é uma forma de você se tornar líder de si mesmo. É uma estratégia que gera resultados evolutivos e duradouros. Neste artigo compartilharei com você minha experiência pessoal de como, através dessa ferramenta, desenvolvi um relacionamento interior saudável que tem me ajudado a liderar a mim mesma.

Em novembro de 1996 estávamos no 3º Módulo da Formação de PNL em Saúde.

Por volta de 95 eu saíra da PAHC para seguir minha própria jornada. Que alegria reencontrar como colegas nesse treinamento avançado de PNL minha amiga e primeira mestra Deborah Epelman, e as amigas Lislaine e Sueli, e que bênção ter os mestres Robert Dilts, Suzie Smith e Tim Hallbom. Foi nesse contexto que tive a oportunidade exclusiva de ser conduzida por Dilts em uma demonstração da Estratégia de Criatividade Disney em sua aplicação chamada: Criando um Time Saudável.

Meu primeiro contato com a PNL acontecera por volta de 1991 ao fazer o curso de Introdução na PAHC, em 92 entrara para a equipe que então era composta da Deborah e sua sócia Teca Kuperszmit, e da assistente Lislaine Prando. Tenho carinho ao dizer que participei de todas as primeiras turmas da PAHC como aluna: *Practitioner*, *Master Practitioner* e *Trainer's Training*. O início da minha carreira na área de desenvolvimento humano foi como assistente e instrutora da PAHC.

Quando comecei, uma das coisas que se questionava sobre a PNL era se os resultados seriam duradouros. Hoje com mais de 20 anos de carreira posso dizer por experiência própria que os resultados da Estratégia de Criatividade Disney em sua aplicação Criando um Time Saudável não apenas foram duradouros como também evolutivos e generativos, além disso, se desdobraram de forma natural e espontânea.

A partir de textos e depoimentos sobre como Walt Disney trabalhava, Robert Dilts desenvolveu essa ferramenta que ajuda as pessoas a terem uma estratégia para organizar as três capacidades fundamentais envolvidas no processo de criação: a capacidade de sonhar, a capacidade de realizar e a capacidade de criticar. Para ter uma estratégia de criatividade que seja eficaz e eficiente é importante que essas três capacidades funcionem em conjunto, de maneira coordenada, respeitando certa ordem para que o processo flua. Por exemplo, se começamos a criticar logo no início do processo de criação, sem termos dado chance para o sonho ganhar forma, é como lançarmos uma semente em terreno árido. Será muito difícil que ela germine. Se ficarmos somente no sonho e não planejarmos as ações práticas para realizá-lo, é como se estivéssemos erguendo um castelo de cartas, é um bom passatempo, porém, efêmero. E se partirmos para a ação antes de aprimorarmos o sonho e o plano de ação através de uma análise crítica, é como pegar o carro para uma viagem longa sem checar os freios e os níveis de óleo e água, corremos o risco de chegar só até o meio do caminho.

A tarde daquele 19 de novembro estava ensolarada, dentro da sala de aula estivéramos estudando os diferentes estilos de liderança, o enfoque era o desenvolvimento de líderes na área de saúde. Um conceito-chave é que a pessoa deve primeiro ser líder de si mesma para depois se tornar líder de outras pessoas. Os conceitos haviam sido apresentados e chegara a hora de explorá-los na prática, Sueli Cassis e eu formamos uma dupla, e a nossa tarefa era: através de uma série de perguntas explorarmos nossos estilos de autoliderança. Animadas, fomos para o jardim.

Ao explorar o meu estilo de autoliderança um conflito veio à tona: "Para ser uma líder na área da saúde tenho que ter responsabilidade em relação àquilo que expresso. Para ser sincera, como artista eu preciso expressar todos os sentimentos, mesmo sentimentos depressivos ou agressivos". Sempre me senti atraída pela área artística, na faculdade estudei Letras, literatura para mim é o estudo da alma humana, gosto de desenho e tenho formação técnica nesta área, portanto, esse era um conflito muito verdadeiro para mim. Como Van Gogh daria cores tão vivas às suas pinturas se não estivesse exprimindo toda sua intensidade emocional? Como Victor Hugo produziria uma obra tão rica como o seu "Os Miseráveis" se ele não descrevesse todo o paradoxo da condição humana? E, ainda assim, meu compromisso com o desenvolvimento humano parecia exigir de mim a responsabilidade de ser um exemplo de atitude positiva.

Concluímos as duas rodadas e decidimos falar com Dilts para obtermos alguma orientação. Pegamos nossas anotações e lá fomos nós, parecia que havíamos chegado a um conflito de crenças: "O artístico tem que ser livre e como líder em saúde tenho muita responsabilidade, que implica falta de liberdade". Depois de explicarmos para Robert onde estávamos emperradas ele nos disse que se tratava de um duplo vínculo negativo, qualquer que fosse a minha escolha eu perceberia como se estivesse perdendo algo. Então, ele compartilhou sua intenção de, naquela noite, demonstrar uma aplicação especial da Estratégia de Criatividade Disney, chamada Criando um Time Saudável. Segundo ele, a minha questão seria um bom tema para a demonstração, e perguntou se eu teria interesse em ser voluntária, sem titubear eu disse sim.

Muitos praticantes de PNL usam a Estratégia Disney apenas quando têm um projeto, ou sonho específico, como uma ferramenta para ampliar a visão do mesmo, organizar o plano de ação e fazer a avaliação crítica do plano. Na aplicação usual o enfoque está no tema específico, por exemplo, se o tema da pessoa é ter um negócio próprio, então na fase sonhar ela vai imaginar livremente como seria ter um negócio próprio, na fase realizar vai se concentrar nas ações necessárias para ter um negócio próprio, e na fase criticar vai escutar atentamente suas críticas em relação ao plano de como ter um negócio próprio. O enfoque principal é o tema da pessoa, neste caso, abrir um negócio próprio.

Em contraste, a aplicação da Estratégia Disney chamada Criando um Time Saudável tem como enfoque principal o relacionamento entre as partes internas da pessoa, com o objetivo de desenvolver um diálogo saudável para que dali em diante elas funcionem juntas como equipe tanto no nível consciente, como no nível inconsciente. Usando uma analogia, é como se tivéssemos um projeto a ser realizado por três pessoas diferentes dentro de nós: o diretor de criação, o produtor executivo e o presidente do conselho. A sabedoria de cada uma dessas 'pessoas' é fundamental para a realização do projeto, portanto, é realmente importante que se estabeleça um bom relacionamento entre elas para que trabalhem em conjunto de maneira eficaz e eficiente.

Como ferramenta da PNL, a Estratégia de Criatividade Disney consiste em um processo que elicia e estabiliza cada uma das três capacidades específicas e seus respectivos estados interiores e recorre a âncoras espaciais como meio prático de coordenar o uso dessas capacidades. Âncora espacial significa determinar um espaço físico específico para evocar e utilizar cada capacidade separadamente. Walt Disney era muito meticuloso em manter os três subprocessos separados espacialmente. A sala de criação era o espaço onde ele e sua equipe davam asas à imaginação. Nas estações de trabalho ele se certificava de que tivessem todo o material e instrumentos para executar o que havia sido criado. E havia o que os colaboradores chamavam literalmente de "caixa de suor", o local onde o produto final era avaliado e Disney fazia críticas para aprimorá-lo segundo seus critérios de qualidade.

Na demonstração daquela noite, Dilts me guiou através da Estratégia Disney: de pé em um lugar neutro onde poderíamos observar o processo de fora me conduziu a estabelecer três locais diferentes visualizando círculos no chão, um para sonhar, um para realizar e um para criticar, e então, através de experiências de referência, ancoramos cada capacidade específica no círculo correspondente. Primeira fase concluída, ele me convidou a trazer o conflito, que identificáramos no exercício de liderança, para o Espaço Sonhar para que eu começasse a sonhar com uma resolução para aquele conflito; após alguns momentos sonhando fui convidada a trazer o sonho para o Espaço Realizar e assim entrar em contato com quais ações específicas eu poderia fazer para realizar o que fora sonhado; depois a entrar no Espaço Criticar para aprimorar o sonho e o plano de ação. Foram vários ciclos como esse, em que, vez por outra, voltávamos para o lugar neutro para observar e ter um censo do processo como um todo. Passo a passo Dilts foi me ajudando a adequar a minha linguagem, fisiologia e a forma como eu me expressava.

Lembro-me até hoje da energia que senti quando na posição de sonhadora eu finalmente disse: "*I want to say yes to life no matter what!*", "Eu quero dizer sim para a vida não importa o quê!" Outro momento ao mesmo tempo surpreendente e curioso foi quando estava no papel da minha parte crítica e dessa posição com as mãos espalmadas abri meus braços indicando o chão à minha frente, onde o processo se desenrolava, e disse: "Eu não estou vendo amor aqui". Dilts, então, pediu para que a parte crítica transformasse essa crítica em uma pergunta, e sua pergunta foi: "Onde está o amor?" Dilts pediu que essa pergunta fosse transformada em uma pergunta do tipo 'como', depois pediu que a "Terê crítica" avaliasse para quem a pergunta deveria ser feita: para a "Terê sonhadora" ou para a "Terê realista". Bem, a parte crítica decidiu que seria para a realista e perguntou: "Como colocar amor nesse processo?"

Ao longo do exercício você caminha de uma posição para outra e isso ajuda a manter as capacidades bem definidas, então saí do Espaço Criticar e entrei no Espaço Realizar para que a parte realista ouvisse a pergunta. Qual não foi a minha surpresa quando, ao entrar na pele da "Terê realista" e ouvir a pergunta feita pela "Terê crítica", perceber que daquela posição aquela pergunta não fazia o menor sentido! Compartilhei isso com Robert e ele me ajudou a voltar para o Espaço Criticar e reformular a pergunta de forma que a realista compreendesse, então surgiram perguntas mais objetivas e em contrapartida as respostas foram de ordem mais prática. Por outro lado, quando a mesma pergunta foi feita para a parte sonhadora, ela entendeu imediatamente e o sonho ganhou ainda mais vida.

No final do processo, Robert Dilts gentilmente compartilhou comigo que para ele um exemplo de "Dizer sim para a vida não importa o quê" era Milton Erickson.

Identifiquei-me imediatamente, pois já tinha essa impressão pelos livros que vinha lendo sobre Erickson. O fundador da Sociedade Americana de Hipnose Clínica, além de ter sido um médico e psicoterapeuta genial, era um ser humano que havia cultivado sua conexão com a vida nas condições mais críticas. Então, foi algo espontâneo que ao voltar para casa eu decidisse que estudaria com pessoas que o tivessem conhecido pessoalmente assim que tivesse a oportunidade. Até lá prosseguiria com minhas leituras.

O efeito desse processo certamente foi evolutivo, pois de 1998 a 2005 estudei com os maiores expoentes da Hipnose Ericksoniana e em 2005 integrei a minha formação acadêmica em Letras com a minha formação em PNL e Hipnose e desde então tenho colocado meus talentos e capacidades a serviço do desenvolvimento humano também através da arte da interpretação consecutiva e da tradução. Muitos efeitos se desdobraram tão naturalmente que só fui percebê-los anos mais tarde. Um efeito especialmente generativo foi a minha entrada e participação em um grupo de dança! E, quem diria, o nome do grupo é Edelweiss, a flor símbolo do amor. Hoje quando olho em retrospectiva sinto que minha jornada tem tido um fio condutor. O senso de curiosidade e o senso de quais atividades me fazem sentir mais viva passaram a exercer o papel como que de um ímã me atraindo para novas experiências.

Não quero dar a impressão de que tem sido apenas um passeio agradável, vivi outros conflitos, tive atitudes das quais me arrependo, outros processos contribuíram para que eu continuasse progredindo, porém, o fio condutor de querer "Dizer sim para a vida não importa o quê", de ter o amor como um valor fundamental, tem sido como o fio de Ariadne em um labirinto de muitos desafios e infinitas possibilidades.

Enfim, Criando um Time Saudável é a aplicação da Estratégia de Criatividade Disney para melhorar a sua comunicação interior. Quando você consegue uma interação melhor entre o seu lado sonhador, o seu lado realista e o seu lado crítico você aumenta as suas chances de ser bem-sucedido no processo de transformar seus sonhos em realidade. Espero que ao ler este artigo você tenha se conscientizado de que a criatividade é um processo cíclico e tenha ficado mais aberto a valorizar igualmente cada uma das capacidades que compõem esse processo. Talvez você sinta mais simpatia pelo seu lado sonhador, ou aprecie mais o seu lado realista, ou se identifique mais com o seu lado crítico, porém, ao compreender que cada um deles é fundamental para uma estratégia de criatividade eficaz e eficiente você poderá desenvolver um diálogo com eles para que funcionem como um time saudável e fazendo isso você terá a chance de se tornar um líder de si mesmo na misteriosa jornada da vida.

**ferramentas de**
# PNL

# PNL e dublagem

Zodja Pereira

3

## Zodja Pereira

Atriz, dubladora e diretora de dublagem. Proprietária da empresa Dubrasil Central de Dublagem – *Trainer* NLPU. *Master practitioner* em Programação Neurolinguística, realizado pela PAHC. Participou do "I Congresso Internacional de Programação Neurolinguística" na conferência "A Evolução da Hipnose", com Stephen Gilligan, PhD, e Robert Dilts, M.D. Curso de "Vícios, Compulsões & Identidade", elaborado por Todd Epstein e ministrado por Deborah Epelman. Curso de *"Trainer's Training"*. Curso de "Hipnoterapia Ericksoniana". Curso de "EMDR e a cura do trauma: Uma Introdução", Netept - Núcleo de Estudos do Estresse Pós-Traumático. Participou do "2º Módulo do Curso de Hipnoterapia Ericksoniana" ministrado por Sofia Bauer. Participou do "I Congresso Latino-Americano de Programação Neurolinguística". Curso de "France Camp". Ministrado por Stephen Gilligan, PhD. Certificação de "Crisis, Transition And Transformation" ministrado por Deborah Bacon Dilts e Robert Dilts. Curso de "Master Practitioner Of Neuro-Linguistic Programming" pela NPL University/PAHC. Participou do seminário "The Transformative Power Of Presence", ministrado por Richard Moss e Annalisa Mather, Elsever Institute.

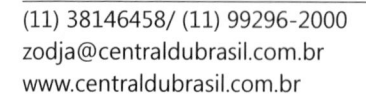

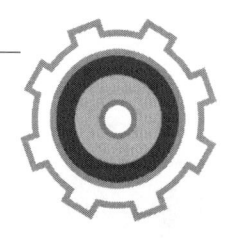

(11) 38146458/ (11) 99296-2000
zodja@centraldubrasil.com.br
www.centraldubrasil.com.br

Sou atriz há 50 anos e bioterapeuta há 40. Há 20 anos com a PNL busco a cada dia integrar os aprendizados diários na minha vida pessoal e profissional além de compartilhá-los com todas as pessoas que, em algum momento, tornam-se companheiras da grande jornada.

O mais enriquecedor desse processo diário é que quanto mais compartilho esse conhecimento mais conhecimento adquiro. Em cada novo aluno, descubro um novo mestre!

Conheci Deborah Epelman em 1990 quando a PAHC iniciava seu caminho, no entanto, meus preconceitos me impediram de, sequer, me aproximar do conhecimento que ali fervilhava. Só em 1995 aceitei participar de um *workshop* de linguagem. A partir dessa experiência percebi a importância e a necessidade de me descobrir. Fiz toda minha formação na PAHC e foi através dela que fiz minha especialização em Saúde em PNL que era patrocinada pelo Instituto Synapsis. Jamais pensei em PNL como um caminho profissional, naquele momento da minha vida tinha um único foco: viver melhor!

Acredito que, se todas as pessoas que conheceram a PNL nesses últimos 40 anos, através de cursos ou livros ou mesmo *workshops*, usassem esse aprendizado para si próprios, ampliando seus mapas, o sonho de um mundo melhor já seria uma realidade!

Costumo dizer que esse conhecimento promove o egoísmo saudável e uso como metáfora a informação que nos é dada no avião antes da decolagem:

"Em caso de despressurização cairão máscaras do teto. Pegue a sua, coloque-a sobre seu rosto e fixe-a, só depois coloque a máscara, se houver necessidade, em quem estiver ao seu lado."

Na verdade, se você não seguir a orientação dada, nada poderá fazer pelo outro.

Foi assim que descobri a PNL, em busca do meu equilíbrio e do meu "ficar bem". A PNL passou a ser a principal ferramenta para minha "cura". Percebi que a minha vida estava doente, meus resultados profissionais não me satisfaziam, nada me realizava, havia um eterno passado no meu presente e um futuro sem perspectivas. Mas a PNL Sistêmica nos mostra que para estarmos bem é necessário que cuidemos do nosso nível espiritual e aí necessariamente nosso olhar procura o outro.

E, ao olharmos pro outro dessa maneira, dizemos NÃO à dependência afetiva e/ou emocional e descobrimos parceiros nos caminhos da vida.

E foi indo ao encontro de parcerias que comecei a trabalhar na PAHC.

Como assistente de Deborah Epelman em vários cursos, inclusive na PAHC Nordeste, a cada dia era mais visível o quanto o ser humano mente para si mesmo, o quanto fomos treinados para não vivermos em estado de excelência.

Quando eu trabalhava com bioterapia costumava dizer: "A mente mente! O corpo não mente!"

Era muito claro ler no corpo dos meus clientes toda a incongruência de suas vidas que se refletia em seus corpos como sintomas. Na maioria das vezes, eles ficavam assustados quando ao tocá-los eu lhes falava sobre alguma experiência pessoal que tinham vivido e jamais falado com alguém sobre o assunto.

Muitas vezes fui surpreendida com resultados incríveis, curas espantosas ou mesmo mudanças de história pessoal após uma sessão de trabalho corporal ou um profundo relaxamento. Meu conhecimento como bioterapeuta me convencia de que trabalhando no corpo era simples dissolver conteúdos emocionais.

Com a PNL pude compreender o que acontecia no meu consultório e a importância do equilíbrio entre:

***FISIOLOGIA** - tudo o que acontece no nosso corpo.
***REPRESENTAÇÃO INTERNA** - pensamos através de imagens e não de letrinhas.
***LINGUAGEM** - como nos comunicamos com os outros e/ou com nós mesmos.

Esse equilíbrio era o principal responsável por aqueles "milagres" que ocorriam na minha sala!

## A energia vai para onde está a atenção

Lembro-me do caso de uma cliente (hoje uma grande amiga) que ao despertar de uma sessão de calatonia relatou a seguinte experiência:

*"Eu estava num barco, era noite, estava com muita carga, mas estava perdida no mar, não sabia pra onde ir. De repente vi um farol e, quando pen-*

*sei em ir até ele, vi outro farol e outro e mais outro. Fiquei muito assustada pois eram tantas opções que cada vez mais me sentia perdida. Aí ouvi sua voz me dizendo: 'Respire! Respire o que está em sua mente!' À medida que eu respirava fui me acalmando e, curiosamente, os faróis foram se movendo um ao encontro do outro até que todos formaram um único farol!"*

* * * *

Essa minha cliente era muito competente em várias áreas: tradutora--intérprete bilíngue, *trainner* e consultora em PNL e hipnóloga ericksoniana. Nada a satisfazia, nem profissional nem financeiramente. Depois dessa experiência ela começou a assessorar diversos profissionais estrangeiros que precisavam de bons comunicadores bilíngues que entendessem do assunto que eles queriam transmitir. Parece que ela conseguiu de verdade reunir todos os seus aprendizados em um único caminho.

A PNL Sistêmica vem demonstrar que viver em excelência é possível e simples. Para isso basta voltar o olhar para si mesmo e se ver, ouvir, sentir, sem máscaras, sem mentiras. E, se seus aprendizados são limitantes e não lhe permitem caminhar com liberdade, procure alguém que o ajude a abrir suas asas e ir além.

Durante a Especialização em Saúde aprendi com Robert Dilts que estar saudável pode ser resultado de uma vida plena de atenção e responsabilidade. Ali descobri que milagres acontecem em nossas vidas e só nós somos capazes de realizá-los. A partir desse encontro tornou-se um desafio calar essa informação no peito e não passá-la adiante a cada companheiro de jornada.

### Milton Erickson

Estudando Milton Erickson aprendi o poder das metáforas e o quanto uma pequena história pode ser transformadora para quem a ouve.

Vejamos essa, por exemplo:

*"Um dia um biólogo, especialista em aves, visitando uma granja entrou no galinheiro e viu no poleiro uma ave que, com certeza, não era uma galinha. Perguntou ao granjeiro:*

*– Amigo! O que aquela ave está fazendo aqui?*

*E o granjeiro respondeu:*

– Ah! Um dia encontrei um ovo lá fora e trouxe pra cá, as galinhas o chocaram e nasceu essa ave!

E o biólogo disse:

– Mas você sabe que esta ave não é uma galinha, não sabe?

E o granjeiro disse:

– Não é igual às outras, mas está aqui desde pequena, se comporta como galinha. Pra nós, mesmo não parecendo, é uma galinha e acho que ela também pensa que é galinha!

O biólogo pediu autorização ao granjeiro para cuidar daquela ave de forma diferente e assim começou a fazer. No primeiro dia, levou-a para fora do galinheiro e disse pra ela: "Voa!"

A ave assustada correu pra dentro do galinheiro e subiu ao poleiro.

No dia seguinte o biólogo voltou. Levou a ave um pouco mais longe e subiu com ela numa arvore. Lá de cima ele falou: "Voa! Voa!"

A ave desajeitada caiu da árvore e chegou ao galinheiro ofegante e assustada. E assim, a cada dia, ele ia um pouco mais além.

Depois de alguns dias ele a levou ao alto de uma montanha. Segurando a ave, carinhosamente, fez com que visse algumas aves muito parecidas com ela que voejavam por perto. E aproveitando a curiosidade que despertara na ave disse ao seu ouvido: "Sinta! Ouça! Veja! Você é igual a elas! Você também pode voar! Experimente agora! Voa! Voa! Voa!"

Delicadamente empurrou a ave do alto da montanha. A pequena ave se desequilibrou e assustada começou a bater as asas e aos poucos iniciou um lindo voo! E aquela ave que pensava ser uma galinha se descobriu uma linda águia!"

* * * *

Quantos de nós, acreditando nas limitações que nos são impostas, pela forma como fomos educados, nos sentimos incapazes de realizar nossos sonhos? E muitas, muitas vezes voltamos ao espaço que não nos pertence por puro hábito.

Na maioria das vezes, a mediocridade de nossas vidas reflete apenas o medo de nos olharmos no espelho e percebermos que somos muito mais capazes do que nos fizeram acreditar.

## Quebrando paradigmas

Como atriz, descobri que esse conhecimento e a autonomia que ele desenvolve traz mais liberdade para minha criação e, ainda mais importante, me faz a cada dia ser uma pessoa melhor. Por esse motivo, quando iniciamos nosso trabalho de especialização de atores em dublagem, naturalmente a PNL passou a fazer parte da programação do nosso curso.

Como não passar aos que nos procuravam as informações que poderiam ser o "Abre-te Sésamo" de suas vidas? Como saciar a sede dos talentos que chegavam sem fazê-los assumir a responsabilidade pelo seu próprio crescimento? Como evitar que soubessem que cada escolha gera um caminho e que viver é fazer escolhas!

## O trabalho com o ator

O ator, de modo geral, é vítima do seu EGO frágil e inseguro. Essa fragilidade lhes dá um hausto de vaidade que não passa de mais um disfarce pra sustentar sua insegurança. Percebam a incoerência: uma profissão que depende da opinião do outro e um profissional que não está preparado para ouvir opiniões contrárias. Todas as vezes que um ator se apresenta em qualquer das suas inúmeras áreas (teatro, cinema, publicidade, televisão, dublagem etc.) espera ansiosamente a aprovação do outro. O mais contraditório é que ele desconfia, mesmo quando é elogiado, pois geralmente carrega uma autoestima muito baixa. Como o fazer confiar na sua capacidade criativa e lidar com seu lado crítico transformando-o em aliado?

Utilizando âncoras espaciais, trabalhando com os níveis neurológicos, conseguimos, algumas vezes, de forma simples fazer com que o ator descubra que há um caminho que pode ensiná-lo a cuidar do seu EGO.

## Cuidado com o ego

Algumas correntes filosóficas alardeiam ser necessário "matar" o EGO. Como matar uma parte tão importante do meu ser? É o meu EGO que permite minha comunicação com tudo o que está além de mim. O meu aprendizado diz que devemos ter cuidado com o nosso EGO. Não aquele cuidado temeroso do que ele pode ser capaz de fazer em meu prejuízo, mas o cuidado carinhoso do quanto posso ajudá-lo a aprender mais e se abrir para ouvir quem mais sabe. Um EGO bem cuidado pode ser um grande companheiro na nossa viagem ao encontro do conhecimento!

## PNL Sistêmica: a 3ª Geração

Em minha opinião, os livros de PNL só deveriam ser lidos após, no mínimo, a vivência experiencial dos seus pressupostos, orientada por um *trainner*. Como bioterapeuta, acho importante que o conhecimento intelectual venha sempre depois da experiência fisiológica.

É natural que algumas pessoas ao lerem algo sobre PNL se identifiquem ou reconheçam comportamentos de pessoas que fazem parte do seu cotidiano. Aliás, é muito mais fácil identificarmos terceiros do que a nós mesmos, pois, na maioria das vezes, não nos percebemos.

Os primeiros livros de PNL focam, basicamente, nas mudanças de comportamento, crenças, estratégias mentais. A PNL Sistêmica, a 3ª Geração da qual Robert Dilts fala, demonstra de maneira clara a importância do Campo e da Fisiologia (focando na respiração) nas mudanças que pretendemos em nossas vidas.

## Mude sua vida com PNL

O livro de Deborah Epelman é o que usamos como informação básica para nossos alunos até hoje no nosso Curso de Especialização em Dublagem para Atores. Com uma linguagem simples ele apresenta os pressupostos da PNL que, se nos atentarmos apenas a eles, já é possível dar um salto quântico em direção a nós mesmos.

## Mapa não é território

Uma vez me contaram a seguinte lenda SUFI:

*"Era uma vez, uma pequena vila que se desenvolveu por causa de uma imensa pedra, uma verdadeira joia, multifacetada, multicolorida, lindíssima! Essa pedra era tão bonita que se tornou famosa no mundo todo! Todas as pessoas do mundo todo tinham como objetivo um dia conhecer de perto aquela pedra. Um dia, o prefeito da cidade achou que poderia levar a pedra para um lugar mais amplo onde mais pessoas pudessem conhecê-la. Então, contratou os homens mais fortes do mundo para que fizessem o transporte daquela joia colossal. Ora, como todas as pessoas do mundo inteiro queriam conhecer a famosa pedra, no dia marcado para seu transporte dizem que estava lá todo mundo do mundo todo! Porém, quando estavam quase colo-*

cando a pedra no seu novo local, algo aconteceu! Parece que as cordas não suportaram o peso e romperam... fazendo com que aquela imensa pedra caísse e se desmanchasse em muitos e muitos pedacinhos. Como estavam presentes todas as pessoas do mundo todo, para não perder a viagem cada um dos presentes correu e pegou um pedacinho daquela joia rara! Ah! O nome daquela pedra era VERDADE! Sendo assim, cada um voltou pra casa levando o seu pedacinho e afirmando: 'Eu tenho a verdade!' Todos esqueceram que só teríamos novamente a VERDADE quando, pacientemente, juntássemos todos os pedacinhos e remontássemos a mais linda joia que um dia o homem poderá conhecer: A VERDADE!"

\* \* \* \*

Quando pensamos em um mapa de um país, como o Brasil, por exemplo, sabemos que ele é apenas uma representação do que pode ser um imenso território, mas com certeza ele está muito longe de ser o território que representa. Dessa forma, em PNL o mapa é nosso modo de interpretarmos o que acontece em torno de nós e podemos nos surpreender ao descobrir que nossa percepção pode ser mais profunda e diversa.

Saber que nosso mapa é apenas UM jeito de perceber o mundo entre milhões de outros pode ajudar o nosso EGO a se abrir ao aprendizado nas suas relações com as demais pessoas.

Quando compreendemos que o Mapa é o resultado das experiências e aprendizados individuais desde o primeiro instante da gestação, entendemos que não existem dois mapas iguais. Com essa percepção todas as vezes que alguém se contrapõe ao nosso mapa e nós nos permitimos compreender essa nova informação, além de ampliar a nossa visão de mundo (o mapa) aprendemos a ver no outro um novo mestre, cuja informação única só ele pode nos passar.

Fazendo uma analogia entre MAPA e EGO (figura forte no ator) conseguimos que o ator se permita ouvir a opinião do outro (crítica) e utilize a informação que recebe para o seu desenvolvimento pessoal e do seu próprio mapa, ampliando sua visão de mundo e enriquecendo seu resultado profissional!

Não existem fracassos, somente resultados! Viver é uma grande experiência!

Somos, desde crianças, instigados a sermos perfeitos! Cada vez que atingimos um resultado diferente do esperado, somos castigados ou severamente criticados. Para a sociedade em que vivemos só existem acertos e erros, o caminho do aprendizado jamais é reconhecido.

Para o ator, qualquer "erro" é imperdoável! Pode significar uma "porta fechada"! Imaginem o que significa, em tensão e insegurança, para alguém cuja profissão se baseia na experiência humana atingir sempre um resultado perfeito! A pergunta seria: e qual é o resultado perfeito quando falamos de emoções? Por isso, para ele, compreender que estamos sempre fazendo experiências e que às vezes elas podem chegar a resultado diferente do esperado e que isso não significa um fracasso, mas apenas um resultado diferente, é uma mudança de paradigma que pode levá-lo a uma relação mais confortável com sua profissão.

## Se alguém pode fazer algo, todos podem fazer

Todos nós temos ídolos! É natural que queiramos ser iguais a eles!

As pessoas se preparam para serem grandes atletas, cantores, empresários, atores! Os que não se preparam se transformam em pequenos meteoros cujo brilho é falso e rápido.

Quando internaliza essa informação, o ator toma consciência de que tudo o que precisa é se preparar para atingir seus objetivos e que só ele pode fazer isso!

Para o ator que dubla, essa informação permite que ele, humildemente, esqueça seus padrões de comportamento e perceba qual o caminho que foi criado para o personagem que está na tela e possa acompanhá-lo com naturalidade.

Se o que você está fazendo não funciona, faça diferente (flexibilidade).

O ator descobre que estar presente no PRESENTE é essencial para realizar sua performance com resultados reais. O estado de PRESENÇA permite ao ator maior flexibilidade para obter respostas mais rápidas e diferenciadas.

## Diálogo interno

Um dos exercícios mais desafiantes para o ator é baixar o diálogo interno. Normalmente o ator tem mais que um "diálogo interno", são muitas vozes buscando passar informações ao mesmo tempo. É literalmente o que chamamos de "alucinações". Em meio à balbúrdia interna, ele não consegue se ouvir. Quando trabalhamos as acuidades visuais, auditivas e cinestésicas, ele consegue baixar o ruído interno e começa a identificar a voz do EGO e a voz de sua sabedoria mais profunda.

## Rapport

O *rapport* é a magia do relacionamento humano. Essencial para todos, que dirá para quem escolhe como profissão viver as mais diversas identidades que lhe são propostas. O ator descobre a importância do *rapport* em todos os seus momentos. Desenvolver o rapport consciente faz com que o ator em dublagem, por exemplo, se transporte para a tela e naturalmente incorpore o personagem que irá dublar, independente de ser desenho ou um ator ou um personagem de *reality*.

## Palavras significativas

Um estudo desenvolvido por um grupo de estudiosos de PNL brasileiros. Tomar consciência do quanto algumas palavras podem mudar, principalmente nosso diálogo interno, e dessa forma nos trazer melhores resultados, é mágico!

Através de exercícios simples e vivenciais nossos alunos descobrem verdadeiramente que AS PESSOAS POSSUEM TODOS OS RECURSOS DE QUE NECESSITAM.

Os resultados dos nossos alunos no mercado de trabalho, sua postura profissional e ética demonstram que a PNL pode mudar vidas!

**ferramentas de**
# PNL

# Aprendendo, transformando e ensinando...

Fernando Santana

4

## Fernando Santana

É formado em Engenharia de Computação pela Escola Politécnica da Universidade de São Paulo e Especialista em Gestão Estratégica de Pessoas pela Fundação Getúlio Vargas. Tornou-se membro da "GTC – Global NLP Training and Consulting Community" realizando o Master Trainer em Programação Neurolinguística na NLP University em Santa Cruz, na California – USA, em 2011 com completa formação em Programação Neurolinguística pela PAHC, onde atua como consultor e *trainer* em PNL Sistêmica desde 2003, ministrando cursos de formação e de aplicação e fazendo consultorias pessoais e organizacionais.

fernando_recursos@yahoo.com.br

## Gratidão pelo aprendizado e transformação

Viver e não ter a vergonha de ser feliz,
Cantar,
A beleza de ser um eterno aprendiz
Eu sei
Que a vida devia ser bem melhor e será,
Mas isso não impede que eu repita:
É bonita, é bonita e é bonita!

(Gonzaguinha - O que é, O que é)

\* \* \* \*

Eu já havia cantado os versos desta música inúmeras vezes e ela nunca havia se revestido de significado tão inédito e profundo quanto naquela noite de celebração de encerramento do curso de *Master Practitioner* em Programação Neurolinguística (PNL) ministrado pela PAHC em 1998 na cidade de Peruíbe, no litoral paulista.

Foram 11 dias de treinamento, aprendendo e experimentando conceitos e técnicas de nível avançado da PNL Sistêmica, em contato profundo comigo mesmo e com pessoas com as mais diversas histórias de vida. Eu transbordava de gratidão por estar onde estava e percebia o meu passado, a minha história, de forma diferente, não mais como uma sequência de dificuldades, de eventos dramáticos e lamentáveis, mas tinha passado a perceber tudo como oportunidade única de construção daquilo que eu era e percebia que valia a muito a pena. O futuro não seria mais perigoso e assombroso, e sim um vasto campo de possibilidades, como uma tela em branco onde eu poderia colocar as cores, as formas e texturas que eu quisesse. E as pinceladas iniciais já delineavam um futuro atraente, sedutor e irresistível. Eu estava ali, verdadeiramente ali, cantando, sorrindo, abraçando e vibrando de alegria por descobrir que havia a possibilidade de fazer tudo diferente, que tudo que eu acreditava ser rígido e intransponível na verdade eram ilusões criadas em minha mente, e eu estava realmente aprendendo a aprender...

## Voltando no tempo

Sou o filho mais velho de quatro irmãos de uma família muito simples e de poucos recursos. Na infância e juventude, fui muito tímido e reservado. Não brincava muito e, como era muito baixinho, moreno e tinha cabelo crespo era alvo constante de *bullying* na escola pública da cidade onde morava em Cubatão. Aos 14 anos ingressei na Escola SENAI no curso de Eletricista de Manutenção num concurso extremamente concorrido porque era conveniado com uma estatal siderúrgica onde meu pai trabalhava como operador. Um ano e meio depois estava estagiando com manutenção e instalação telefônica em escritórios e também nas áreas extremamente insalubres e depois de mais um ano e meio já estava contratado. Aos 17 anos já colaborava com as despesas domésticas e meu pai ficava orgulhoso.

Em função disso, fui procurar fazer o ensino médio com curso técnico em eletrônica, que não havia em Cubatão. Consegui ser aprovado numa prova para ingressar numa escola estadual na cidade vizinha e, paralelamente a isso, participei de um concurso de uma tradicional e conceituada escola técnica particular em que distribuiriam algumas bolsas de estudo. Se eu conseguisse um bom desconto, quem sabe, poderia até pagar e estudar numa boa escola, eu pensava... Pra minha surpresa, naquele ano reduziram para apenas cinco bolsas integrais e a quantidade de inscritos era enorme. Sempre fui muito estudioso e era considerado um aluno exemplar em termos de notas no ensino fundamental, e como citei anteriormente, era extremamente inseguro. Achei que não tivesse passado porque tive dúvidas em duas ou três questões. Fiquei estarrecido quando vi que meu nome figurava na primeira colocação, pra minha surpresa absoluta. O nível de falta de confiança que eu tinha em mim mesmo era tal que acreditava que aquilo estava errado até o momento em que a matrícula foi concluída. Fiz o curso gratuitamente e três anos depois estava concluindo o curso técnico com o ensino médio.

Estava tudo encaminhado pra eu continuar aquele destino, quando fiquei sabendo que haveria um processo de seleção para um curso pré-universitário da Universidade de São Paulo (USP) que seria realizado na minha cidade. Dias depois, fui informado de que além do cursinho seria criado também um *campus* na cidade. Fiz a prova mais por curiosidade por se tratar somente de uma prova de inteligência, pois o objetivo do projeto era dar a oportunidade de aprendizado de alto nível para jovens carentes que tivessem potencial de aprendizado para ingressarem no nível superior de qualidade. Fui aprovado e entrei num dilema, afinal eu colaborava com o sustento da minha família. Meu pai foi categórico, e de fato ele realmente acreditava que o ideal para o meu futuro era que eu permanecesse onde eu estava e trilhasse um plano de carreira que a siderúrgica me oferecesse, cursando o ensino superior noturno em qualquer faculdade. Graças à intervenção e incentivo de uma tia, o que por sinal gerou um pouco de conflito na família, acabei pedindo demissão e ingressei em um novo caminho. Neste projeto, a USP contribuiu com os professores e a prefeitura com a estrutura física da escola, além de refeição, vale-transporte e uma bolsa com um valor financeiro para possibilitar que o aluno tivesse as condições mínimas pra se manter. Foi um período de muita autocobrança, o que por vezes me atrapalhava no rendimento da aprendizagem e foi, ao mesmo tempo, um momento mágico de descobertas, de grande enriquecimento intelectual pelo contato com grandes e intrigantes mestres e também de criação e desenvolvimento de amizades que se mantêm até os dias atuais. Fui aprovado na primeira turma do curso de engenharia de computação da Escola Politécnica da USP. A universidade acabou não dando continuidade ao curso na cidade por problemas políticos e toda a estrutura foi movida para o *campus* de São Paulo.

## A PNL bate à porta

Foi neste momento, em 1989, que tive meu primeiro contato com a PNL. Fui convidado por outra tia a fazer um curso de Introdução à Programação Neurolinguística com duração de um final de semana. Não sabíamos do que se tratava e lembro-me que o valor era expressivo para a minha realidade da época e ela acabou por oferecer-me como presente e também para fazer-lhe companhia. Naquela época meu perfil não tinha mudado muito, estava com 19 anos, continuava sendo um rapaz tímido, retraído, com autoestima e autoimagem bem limitadas. Tinha medo de fazer perguntas e ser questionado com receio de falar bobagens ou não saber responder corretamente, ao mesmo tempo estava muito curioso sobre o curso e queria aprender algo interessante.

Lá me senti extremamente desconfortável percebendo que todos já eram formados, demonstravam conhecimento prévio do assunto e eu era, além de tudo, o mais novo da turma. O curso foi ministrado por dois grandes precursores da PNL aqui no Brasil: Alan Ferraz Santos e Bibi Lamn, da Sociedade Brasileira de Programação Neurolinguística (SBPNL).

Enquanto aqueles dois falavam, parecia haver uma sintonia muito forte entre eles e, não só isso, parecia haver uma perfeita continuidade, parecendo até que a apresentação havia sido completamente decorada e ensaiada, independente das perguntas que eram feitas. Aquilo me impressionava.

O curso de maneira geral foi todo interessante, só que algo fez uma diferença significativa e me marcou profundamente que foi o tema *rapport*. A explicação do conceito, de que se trata de um processo natural e inconsciente que gera um estado de sintonia e confiança entre as pessoas e que também pode ser estabelecido propositalmente através do espelhamento postural e verbal, me pareceu um pouco mágica ou sobrenatural demais. Quando saímos para o exercício e eu tive de conduzir uma conversa com um juiz de Direito, me senti completamente envergonhado, bloqueado e mal conseguia falar. Mesmo assim pus em prática o que havia sido ensinado e comecei a espelhar de forma sutil os movimentos que o via fazendo, procurando acompanhá-lo no ritmo em que ele falava e utilizava um vocabulário, na medida do possível, próximo ao dele. Aconteceu que, quando fiz um movimento voluntário como era proposto pelo exercício, assustei-me na resposta automática espelhada que ele produziu. Pra mim, aquele momento foi impressionante e parecia ter sido combinado, porque foi muito preciso e impactante. Foi aí que percebi também que, ao contrário do início do exercício, estava sentindo-me à vontade na conversa e já me percebia com sorriso de satisfação e conforto ao invés de tensão e nervosismo até o término do exercício. A partir daí fiquei me perguntando o que foi que tinha acontecido. Como procedimentos tão simples trouxeram bem-estar para aquela conversa e como foi que isso tinha feito diferença? Será que realmente eu tinha a capacidade para desenvolver uma conversa com qualquer tipo de pessoa, independente da minha timidez e limitações? Só sei que me percebia extasiado e sabia que a partir daquele instante uma nova porta parecia estar se abrindo para proporcionar uma sensível melhora na minha qualidade de vida. E quando eles, os instrutores, comentaram que *rapport* era um dos principais recursos que usavam para a continuidade e sintonia na apresentação deles, tudo fez sentido...

## O início da transformação profunda

Depois disso resolvi que, assim que tivesse condições financeiras adequadas, aprofundaria meus estudos neste assunto. Enquanto isso, adquiri o livro que havia sido recomendado: "Sapos em Príncipes", que é a transcrição de um dos seminários dos criadores da PNL, Richard Bandler e John Grinder, e o li inúmeras vezes durante o período da minha graduação. Algumas coisas eu não conseguia entender ou utilizar comigo mesmo, e eu sempre me esforçava para extrair dali resultados que agregassem e fizessem diferença no meu dia a dia.

Além deste, também tive acesso a mais uns dois livros neste período e foi desta forma que aprendi muitos dos conceitos de PNL.

Depois disso, após terminar a graduação, consegui um bom emprego numa grande multinacional no ramo das telecomunicações. Estabilizei as questões financeiras, reformei a casa dos meus pais e fui à procura de um curso de formação. Foi aí que tive contato com o João Humberto Vanin, do Instituto Self de Psicologia, para dar continuidade com muita alegria e empenho à minha formação no curso Practitioner. Fiz com ele um curso noturno às terças e quintas-feiras.

Após essa fase, estava muito empolgado, não queria perder tempo para me aprofundar ainda mais no aprendizado da PNL e fui procurar o próximo passo da formação que era o curso *Master Practitioner* no formato residencial.

Através da *internet* listei algumas opções de institutos e encontrei a PAHC, que foi perfeitamente atraente por caber no meu bolso e ter um curso agendado para poucas semanas depois.

Fiz minha matrícula e lá fui para Peruíbe para uma jornada de 11 dias de imersão. Nunca nem sequer tinha visto o rosto das instrutoras e lembro-me perfeitamente de adentrar os portões da pousada com a bagagem nas mãos sem saber ao certo que direção tomar, notar um aglomerado de pessoas, começar a caminhar até elas para obter informações até que uma mulher elegante e esguia veio em minha direção, se aproximou e me perguntou quem eu era, se apresentou como a instrutora Deborah Epelman, e abriu um sorriso cativante. Eu não tinha conhecimento a respeito de quem era ela nem fazia a mínima ideia de toda a sua bagagem, trajetória e contribuição para a disseminação da PNL no Brasil. E finalmente eu estava ali embarcando numa outra fase desta jornada de aprendizado e desenvolvimento...

Logo que deram início às atividades, quando as pessoas começaram a se apresentar, lembro-me de me sentir um pouco incomodado com tamanha variedade e tipos de atividades de pessoas. Pela minha formação em ciências exatas, pensamento cartesiano e visão extremamente racional e lógica, apesar de tratar a todos com muito respeito e cordialidade, dentro de mim, lá no fundo, havia certo preconceito com atividades e pensamentos de pessoas que fugiam ao meu modelo de entender e lidar com as coisas. No fundo eu não aceitava e não fazia muito sentido pra mim o tipo de pensamento tão diferenciado de algumas pessoas. Era comum ouvi-las dizendo que atuavam em atividades mais ligadas às linhas espiritualistas. Aquilo me deixou confuso. Eu era, de certa forma, ignorante em todos estes assuntos. E, apesar de ter passado por uma série de religiões em função das escolhas da minha família, eu tinha certa aversão a tudo isto. Só muito depois, no decorrer do curso, fui perceber como foi importante esse *mix* de pessoas para o meu crescimento e aprendizado. Isto foi essencial para que eu pudesse internalizar um dos importantes pressupostos da PNL. Pressupostos são princípios ou crenças orientadoras que norteiam o desenvolvimento e utilização das ferramentas. Em particular aqui me refiro ao pressuposto de que "mapa não é o território", que segundo ele cada indivíduo tem sua própria realidade subjetiva, que é seu próprio mapa ou modelo de mundo. De acordo com isso, nenhum mapa é mais verdadeiro ou real que outro e, além de outras consequências deste princípio, os mapas mais sábios e que permitem melhores resultados são aqueles que possuem um maior número de escolhas. Assim, achar que o meu modelo de mundo era o mais correto, ao criticar outros que não fossem extremamente lógicos e cartesianos como eu, era uma demonstração de que isso ainda não havia sido atualizado dentro do meu ser. Comecei a perceber toda e qualquer pessoa como tendo um mapa real e válido, respeitando-a por seus pensamentos, sua história, e sua realidade. Nesta mesma oportunidade também fiz uma importante integração entre duas partes ou lados meus que passaram a contribuir com muito mais sinergia no meu dia a dia: o emocional e o racional. Superei também uma limitação através de uma mudança de crença. Antes eu tinha muita dificuldade em lidar com situações desconhecidas ou com aquelas sobre as quais eu não tinha controle. Neste caso substituí o medo por curiosidade, o que me permitiu, a partir dali, ter uma postura mais proativa diante de situações daquele tipo. Eu poderia ilustrar uma quantidade enorme de aprendizados e profundas mudanças que tive nesta experiência enriquecedora que se tornou um divisor de águas na minha história pessoal, só que este não é o foco do presente artigo.

Além do profundo conhecimento e da grande maestria da instrutora Deborah, que conduziu o curso de maneira extremamente cuidadosa e com elegância marcante nas apresentações com um grupo tão diverso, a competência e o empenho da instrutora e parceira Sueli Cassis, que encontrava cada pessoa dentro de sua realidade e ia cirurgicamente até o exato ponto para solucionar dúvidas e produzir mudanças, me deixaram fascinado. Todo este conjunto fez com que eu chegasse ao final daquele curso no estado que descrevo no início deste texto. Através do exemplo delas, tive a certeza de que queria trilhar aquele mesmo caminho de ser um instrumento para dar suporte à evolução humana.

Logo após o *Master Practitioner* comecei um estágio supervisionado, que é um diferencial deste instituto. Este processo foi extremamente enriquecedor e pude começar a desenvolver a experiência prática de atender pessoas com problemas reais fora do ambiente de curso. Isso me proporcionou aumentar a minha flexibilidade e desenvolver habilidades adicionais principalmente no que tange a consultorias.

### Aprendendo a ensinar e mais...

Após esta importante fase de desenvolvimento na proficiência da arte ciência da PNL, busquei o próximo passo da formação. Fiz o curso de formação de instrutores com o Alan Ferraz Santos, na Synapsis, e depois, quando tive agenda, o refiz com o formato da PAHC onde, ao final de intensos dias desenvolvendo habilidades de elaboração e apresentação de treinamentos de PNL, fui surpreendido e honrado com o convite das responsáveis pelo instituto, Deborah e Sueli, de fazer parte da equipe de instrutores, onde estou até os dias atuais.

Como sempre achei enriquecedor e prazeroso, estive sempre envolvido e participando de treinamentos, *workshops*, seminários, congressos e, quando possível, refazendo os cursos da formação. Isto me proporcionou grandes mudanças.

Participei de inúmeros cursos aqui no Brasil com grandes ícones internacionais da PNL e sempre sonhei em conhecer e estudar na NLP *University*, na Califórnia, onde todas as pesquisas para o desenvolvimento dessa tecnologia se iniciaram. E lá fiz, em 2011, o curso de *Master Trainer* (*Master Trainer, Facilitator and Transformational Entrepreneur*), que foi outra experiência marcante em todo esse meu trajeto. Este curso foi coordenado e ministrado por Robert Dilts e Judith DeLozier e também teve a participação de Suzi Smith e Sid Jacobson. Além destes fantásticos mestres, o fato de estar reunido com *trainers* de diferentes partes do planeta, de culturas completamente diferentes da nossa, contribuiu para que este evento também enriquecesse de forma ímpar o meu modelo de mundo.

## E agora? O que esperar?

Procuro viver os pressupostos da PNL no meu dia a dia, pois a considero uma das mais completas tecnologias para o desenvolvimento humano. Percebi, durante estes anos de exposição a esta ferramenta, mudanças profundas, enriquecedoras e duradouras em mim e em inúmeras pessoas que tiveram acesso a algum tipo de conhecimento ou técnica. Através de conceitos e procedimentos práticos e pragmáticos, esta tecnologia tem alcance interdisciplinar e sistêmico. Ela pode dar suporte para mudanças em vários níveis: individual, familiar, nos negócios e também na sociedade. Como suas pesquisas são relativamente recentes, seu início data de apenas 40 anos, um universo de possibilidades de desenvolvimento e utilização ainda aguardam por pessoas que se envolvam e se dediquem a cultivá-la e contribuir para que este mundo possa se transformar num lugar melhor para a vida de todo e qualquer ser humano. É exatamente isso, caro leitor, que a PAHC celebra nestes 25 e cinco anos de existência e eu sou extremamente grato pelo meu caminho ter se juntado ao dela.

Ainda sou um aprendiz, e sei que tenho muito, muito mesmo a aprender. Torço para que você, quem sabe, também possa ter a oportunidade de experimentar um pouco da transformação que a PNL pode fazer em sua vida através da busca pela excelência e por uma vida plena de significado.

**ferramentas de**
# PNL

# Mudança de carreira

Paul Michael Sanner

5

**Paul Michael Sanner**

Realizou desde 2005 mais de 8 mil horas de atendimento individual, guiando pessoas para alcançarem seus objetivos, transformando limitações e bloqueios e criando um estado de excelência para o sucesso!
É formado em Programação Neurolinguística Sistêmica, *Coaching*, Hipnose, Constelações Sistêmicas e Alinhamento Energético. Foi *trainer* em PNL Sistêmica na PAHC e atuou como *business coach* em vários institutos dedicados ao desenvolvimento humano. Trabalhou por 14 anos como engenheiro na Mercedes-Benz do Brasil com ênfase em logística, melhoria contínua e estratégias de mudança.

coach@paulsanner.com
www.paulsanner.com

Uma mudança de carreira pode começar com um sonho! Walt Disney nos ensina através da sua criativa estratégia, conhecida na PNL como Estratégia Disney, que sonhar é o primeiro passo, sonhar livremente, sem se preocupar em como fazer e sem criticar!

Um sonho despertou quando tive o meu primeiro contato com a Programação Neurolinguística em 1999, ao participar de uma vivência de final de semana, recomendada por um colega de trabalho. Achei fantástico! Entrei em contato com um poder interior que eu não percebia! Senti-me entusiasmado com a ideia de poder criar a minha própria realidade e também com a vontade de ajudar os outros e de melhorar o mundo. Tratava-se de um desejo da minha alma de contribuir de forma muito mais amorosa e significativa com as pessoas e o planeta. Permiti-me sonhar livremente.

Foi só um final de semana, conduzido com muito amor e alegria, mas eu trabalhava como engenheiro em uma multinacional e nesse primeiro momento confesso que não me dei conta dessa fantástica tecnologia chamada PNL. A vivência se chamava PNL1, mas, eu não reparei na sigla e muito menos em seu significado. As vivências eram um total de seis e eu pude, ao longo de um ano, ir fazendo uma após a outra e ficar cada vez mais encantado. Lá pelo terceiro final de semana me deparei com o nome "Programação Neurolinguística" e, no último, descobri que quem ministrava era uma instituição católica. Tudo muito estranho em um primeiro momento.

Eu queria saber mais, conhecer mais e aprender muito. Foi então que a Lourdes Peixoto, uma amiga que também participou das vivências, descobriu que existia a Formação em PNL. Lá fui eu fazer meu primeiro Practitioner e foi decepcionante, não se parecia em nada com as vivências que eu havia feito. No meio do curso Lourdes me diz: "Descobri que esse não é um bom curso, existe o Practitioner no Instituto chamado PAHC, que ensina a PNL na linha sistêmica de Robert Dilts, e que tem a parte teórica e prática também". Foi a salvação! Quase que deixava de lado essa brilhante carreira que nem havia começado.

Fiz todos os cursos de formação na PAHC e, com o meu trabalho na indústria automobilística indo muito bem, fui aplicando a nova maneira de me comunicar e de me relacionar naquele ambiente tão carente de estratégias mentais e emocionais sistêmicas.

Quando fiz o Máster, em 2002, resolvi muitas questões pessoais importantes e saí de lá atendendo colegas de curso, parentes e amigos que se beneficiavam amplamente das técnicas de PNL, a começar pela cura rápida de fobia que até hoje é um sucesso! E tanta gente ainda insiste em continuar apavorada com baratas, borboletas, lagartixas e outros elementos reais ou imaginários, considerando-os extremamente perigosos e monstruosos!

Eu ainda nem pensava em mudar de carreira quando a PAHC trouxe uma proposta interessantíssima, na qual eu iria atender as pessoas e receber da Deborah Epelman a supervisão dos atendimentos, como "estágio". E assim foi o ano de 2003, fazendo os atendimentos individuais supervisionados e realizando algumas vivências de PNL, com um grupo de colegas. Ao final do ano já havia um movimento de pessoas que eram atendidas principalmente aos finais de semana e que indicavam mais e mais pessoas.

Mas a questão persistia: como um engenheiro poderia atender pessoas e tratar das suas estratégias mentais e emocionais? Sair de uma profissão para a qual eu estudei cinco anos e de uma empresa onde eu já estava há mais de dez, para me tornar autônomo, definitivamente não era possível.

Para mudar de carreira não basta um sonho e uma estratégia de realização; é preciso ter muita certeza e convicção do caminho a seguir. Não basta estalar os dedos, tem uma vida toda e uma identidade construída em torno da profissão. As faculdades são verdadeiros criadores de novas identidades. A pessoa "é" médico, advogado, publicitário, engenheiro, psicólogo, jornalista etc. e isso tem um peso.

Nesse momento eu já tinha algumas coisas a meu favor, que eu recomendo para as pessoas que querem mudar de carreira: eu tinha um sonho de ajudar as pessoas e o mundo; eu tinha entusiasmo; eu tinha feito a formação completa em PNL; eu tinha um pouco de experiência com atendimentos e eu tinha a melhor mentora que alguém poderia ter, a Deborah, que sempre me incentivava através de suas palavras, do seu exemplo, sua congruência e devoção. Mas eu ainda não tinha me dado conta do caminho que a vida estava me mostrando, e não, eu não tinha nenhum plano. Era absurdo ter um plano de mudança de carreira. Eu ainda estava muito preso ao passado.

Hoje eu digo para as pessoas que elas podem ter muitas carreiras na vida se quiserem, muitas identidades profissionais, muitas maneiras de contribuir para a sociedade e o mundo. A vida é longa, dá para se dedicar a várias coisas! Já passamos da fase onde as pessoas trabalhavam até o momento da aposentadoria para depois ficarem largadas sem fazer nada. Quem hoje pensa em parar? Em não fazer mais nada? Em ficar encostado e não contribuir? Quando falo em trabalho, não penso que tem de ser um trabalho formal remunerado. Vejo grandes exemplos de homens e mulheres à minha volta, que aos 80 anos ou mais continuam com suas atividades e sua participação no mundo! É saudável para a mente estar ativa, é saudável para a pessoa continuar colaborando, interagindo e fazendo parte. É muito bom para o mundo que aqueles que têm mais experiência compartilhem esse conhecimento e sejam um exemplo de vontade de viver, de alegria e de proatividade.

Qualquer fase da vida pode ser uma fase para mudança de carreira, não há regra para isso. É verdade que depende um pouco da carreira a ser escolhida, mas depende muito mais da criatividade da pessoa e, em alguns casos, da sua vontade de querer quebrar certos paradigmas. Tenho um grande amigo que iniciou sua carreira de advogado após os 50 anos e se deu muito bem, teve grande sucesso contribuindo com mais de 200 famílias em trâmites judiciais para adoção de crianças abandonadas.

Em 2004, a vida me ajudou nessa mudança de carreira quando eu fui promovido na empresa onde trabalhava! Longe de ser algo bom, isso se tornou uma verdadeira desmotivação. Carga horária de trabalho maior não recompensada financeiramente, ambiente de competição ao invés de colaboração e um enorme conflito de valores. Em alguns momentos, quando você percebe que está sozinho remando contra a maré, que as suas ideias não encontram bons ventos, é hora de mudar de barco.

Ainda havia muita insegurança e faltava uma estratégia financeira, já que eu perderia a constância do salário, e passaria a contar com algo incerto. Mais uma vez o universo ajudou com a aceitação por parte da empresa da minha adesão ao plano de demissão voluntária.

Em janeiro de 2005, iniciei a nova carreira, na área da PNL, cheio de alegria, entusiasmo e motivação. Nesses anos todos de trabalho, com o principal foco no consultório, tenho realizado a minha missão, ajudando muitas pessoas com as mais variadas questões a alcançarem seus objetivos e em muitos casos a fazer uma mudança profissional.

É comum a pessoa não saber o que ela quer e só saber o que ela não quer: "Não quero mais trabalhar onde trabalho!" Em grande parte das vezes isso envolve um problema de relacionamento com outras pessoas, chefes, colegas ou subordinados. Outras vezes é falta de motivação para continuar fazendo sempre a mesma coisa no setor no qual trabalha. Algumas vezes é uma divergência em relação aos valores e à forma de funcionamento da empresa. E pode ser a real vontade de fazer uma coisa completamente diferente. A pergunta a ser feita é: "Qual a menor mudança que você pode fazer e que resolve o seu problema?" Às vezes é só mudar de projeto, ou de setor, ou mudar para a concorrência. Mudar de carreira é talvez a última opção. Em alguns casos, o que a pessoa queria mesmo era ter o seu próprio negócio!

Quanto maior a mudança, mais ela exige motivação, um plano detalhado de transição, uma boa avaliação de alternativas, gerenciamento de riscos, organização de tempo e finanças.

A motivação para a mudança é facilmente medida através de duas perguntas: "Por quê?" e "Para quê?"

"Por que você quer fazer essa transição?" Esta pergunta mostra o que a pessoa já viveu, as causas e dores. É bom saber disso para que a pessoa tenha consciência que realmente não tem mais condições de continuar no ponto em que está. E, depois, a pessoa se lembrará de tudo e não irá se arrepender de ter mudado.

"Para que você quer fazer essa transição?" Essa pergunta remete a pessoa ao futuro e a coloca diante dos efeitos positivos da mudança na sua vida. E aí eu pergunto: "De um a dez, quanto você realmente quer desses resultados na sua vida?" Uma resposta menor que dez indica que existe ao menos uma parte da pessoa que não está realmente motivada com essa mudança. Se o esforço para mudar tiver de ser grande e demorar um tempo, pode ser que a pessoa desista no meio do caminho. Outra análise importante a ser feita na ponte ao futuro é o impacto sistêmico da mudança, nas outras áreas da vida e em relação às pessoas envolvidas.

Meu horário de trabalho mudou bastante, muitos clientes queriam os atendimentos no final do dia, após as 18 horas. Assim, na nova atividade eu começo a trabalhar à tarde e não mais às sete da manhã. E o que fazer com aqueles compromissos que tradicionalmente acontecem no final do dia? Bem, muitas vezes deixo de ir, por uma questão de escolha. E os sábados e domingos também ficam muitas vezes comprometidos. Em 2008 e 2009, por exemplo, eu fiz parte da equipe de *trainers* da PAHC e junto com Sueli Cassis e outros colegas ministrávamos o Practitioner aos finais de semana.

Muitas vezes uma mudança de carreira afeta a família, as finanças, a disponibilidade de tempo e pode até acarretar a mudança de cidade e de estilo de vida.

Ao longo desses anos, tenho visto pessoas infelizes darem as mais variadas justificativas para continuarem na sua atividade profissional e insatisfeitas:

* Eu tenho família.
* Eu tenho dívidas.
* Já estou na metade do curso, não vou desistir e começar outro.
* O que vão pensar de mim.
* Se eu sair agora, não terei como voltar.
* Se eu sair do mercado, não vou mais fazer parte desse grupo de pessoas com quem trabalho.
* E se não der certo?
* Não vou trocar o certo pelo duvidoso.
* Eu não consigo!
* Eu não sou capaz de criar uma boa rede de relacionamentos.
* Com a minha idade já não se muda mais de profissão.
* Eu nem sei como me comportar nesses novos ambientes.
* Eu não acredito que vai dar certo, isso não é possível.

O Alinhamento de Níveis Lógicos é uma ótima forma de identificar os limites e superá-los. Questões envolvendo ambientes, comportamentos, capacidades, crenças, conflito de identidades e o sistema como um todo devem ser reprogramadas para que trabalhem a favor e não contra a nossa felicidade. Deste modo, as justificativas podem ser substituídas por perguntas desafiadoras:

* Como fazer dar certo?
* Onde, quando e como isso pode dar certo?
* Como resolver as dívidas e gerar novos recursos? (muitas vezes a mudança de atividade profissional precisa ser feita em etapas).

* Como fazer para avaliar oportunidades, riscos e o momento certo de fazer a mudança?
* Como me prevenir de eventuais problemas?
* Como administrar a insegurança e o medo do novo?
* O que precisa acontecer para eu acreditar que posso, que consigo e me sentir seguro?
* Quais as novas capacidades que preciso desenvolver e como fazer isso?
* O que eu quero e preciso aprender?
* Como me entrosar em um novo grupo profissional?
* Como harmonizar as outras áreas da vida?
* Quem pode me ajudar a colocar esse plano em prática?

Responder a essas perguntas ajuda muito a compreender o caminho a ser seguido. Muitas vezes a questão da carreira está envolvida com uma questão de realização pessoal, de uma missão de vida ou um anseio da alma. Identificar isso é importante porque nem sempre as coisas se relacionam. Uma pessoa pode manter determinada profissão e encontrar a sua missão em outra atividade não remunerada. No caso de um grande amigo, eu pude ajudá-lo a viver cada vez mais a sua missão de sacerdote e cada vez menos a carreira de programador.

Mais importante do que a profissão e a carreira é a sua relação com o mundo. O despertar acontece quando compreendemos que não existe separação entre nós e o mundo em que vivemos. Nossos pensamentos, sentimentos, palavras e ações contribuem ativamente para criação do mundo a nossa volta. A missão é encontrarmos o melhor caminho, aquele que transforma nossas vidas e o planeta em algo melhor e mais ecológico, promovendo o respeito, a paz, a felicidade e o amor.

A sua carreira ou atividade profissional não deve ser algo doentio, inútil, que o faz sofrer, apenas com o pretexto de ganhar dinheiro ou de um dia alcançar um *status*. Não deveria ser algo que sirva apenas para que se sinta importante porque você é isso ou aquilo em tal empresa ou instituição.

Viver não se trata só de chegar lá, mas sim do caminho que se faz para chegar lá, e de como se pensa e como se sente durante esse caminho. Em termos de trabalho, muitas vezes é como a pessoa se sente durante mais de oito horas por dia, cinco dias por semana. Então o ideal é que sua atividade seja feita com alegria, seja congruente com seus valores, com o que você ama e acredita e que tenha pessoas de que você gosta e que lhe fazem bem, crescendo, evoluindo e sentindo-se útil. Que seja um engrandecimento da sua alma!

Um novo caminho pode simplesmente começar assim, com um sonho!

**ferramentas de PNL**

# C.H.A.R.T.

**Fátima Palácio**

6

**Fátima Palácio**

*Trainer e master trainer, facilitator and transformational entrepreneur* pela NLP University.
*Practtioner e master practitioner* pela PAHC.
MBA em Gestão Empresarial pela Fundação Getúlio Vargas com formação em Ciências Contábeis pela Fundação Costa Braga - Paulo Éiro.
Palestrante pelo IRR Conference. Reikiana com formação em Hipnose Ericksoniana, TVP, Psicanálise Integrativa, Cromoterapia, Terapia Corporal, GENS além de diversas outras terapias sistêmicas.

*"Eu acredito num planeta onde todos podemos ser felizes de maneira íntegra, honesta, completa e sistêmica, sem prejulgamentos e em paz com todos os Ecossistemas e Universo construindo um mundo ao qual todos ansiamos pertencer!"*

(11) 99133-7948
fatima.palacio@gmail.com

| A | B | C | D | E |
|---|---|---|---|---|
| *e* | *d* | *e* | *j* | *d* |

| F | G | H | I | J |
|---|---|---|---|---|
| *d* | *e* | *j* | *e* | *d* |

| K | L | M | N | O |
|---|---|---|---|---|
| *j* | *j* | *d* | *e* | *e* |

| P | Q | R | S | T |
|---|---|---|---|---|
| *d* | *d* | *e* | *j* | *e* |

| U | V | X | Y | Z |
|---|---|---|---|---|
| *e* | *d* | *d* | *j* | *e* |

\* \* \* \*

Quando fui convidada para participar do projeto deste livro, primeiramente me senti um tanto "sem chão", pois pensei sobre qual assunto poderia discorrer. Depois percebi que nada acontece por acaso e, se esse convite chegou, é porque é a hora certa.

A PAHC chegou na minha vida igualmente não por acaso quando eu me deparei com a necessidade de buscar a mim mesma, de despertar, e me apresentou a PNL Sistêmica e com essa "ciência" que se descortina para a humanidade me descobri. Descobri a mim mesma e venho somente confirmando nos últimos 18 anos que tenho todos os recursos necessários ativos ou mesmo dormentes para atingir meus objetivos, sonhos e me realizar, para ser feliz e, mais ainda, para contribuir com quem encontro e com aqueles que me encontram nesta jornada maravilhosa que é a vida a fim de que sejam felizes da maneira como bem desejarem. Enfim, na PNL Sistêmica eu pude identificar a diferença entre só sobreviver ou plenamente viver.

Acima de tudo acredito completamente que todos os seres têm o direito primordial de também conseguirem esse intento, serem felizes!

Nessa oportunidade me foi solicitado que escolhesse uma ferramenta da PNL Sistêmica para desenvolver como tema deste artigo e me veio um *insight*, C.H.A.R.T. Considero essa ferramenta igualmente poderosa, simples de ser praticada e completamente possível de ser aplicada facilmente e em incontáveis e inúmeras situações.

C.H.A.R.T. é uma ferramenta de gerenciamento e obtenção de *performance* através do alinhamento dos lados direito e esquerdo do cérebro através de um processo de alinhamento que utiliza os canais sensoriais, de atenção e de representação preceptiva. É também uma técnica ampla para alavancar o processo de mudança de estados. Alinhando os vocabulários, quando falamos de canais sensoriais, de atenção e de representação perceptiva, falamos dos sentidos auditivo, visual e cenestésico em suas diversas combinações de lembrado e construído.

C.H.A.R.T., em termos de trilogia mental, é uma ferramenta na qual a fisiologia e a linguagem alinhadas com o movimento criam uma representação interna possibilitadora.

Funcionamos como uma máquina de engrenagens bem azeitadas que trabalham em conjunto como um sistema perfeitamente equilibrado onde todos os canais sensoriais se desenrolam e enrolam em inúmeras e incontáveis combinações se ajustando de acordo com a situação que se apresenta no momento. Não bastasse, temos concomitantes as representações internas e externas e todo o diálogo interno que se apresentam "juntos e misturados" ou individualmente.

O C.H.A.R.T. pode ser usado como tantas outras inúmeras ferramentas da PNL Sistêmica para nos auxiliar a alinhar esses fatores com a finalidade de transformar um estado atual limitante e insatisfatório em um estado desejado favorecedor e repleto de recursos, com uma interferência prática e simples que não necessita de ajuda externa de outros sujeitos.

Claramente em situações nas quais temos dificuldade de lembrarmos informações e palavras ou quando estamos em situação de Estado Atual desafiante que nos limita ou mesmo nos congela nos sentimos como que embaralhados e o C.H.A.R.T. se apresenta como uma ferramenta de uso certo que, embora pareça "brincadeira de criança", e talvez por isso seja tão poderosa, nos proporciona uma excelente oportunidade de transformação do aumento do foco, estado de centramento e presença do ser.

Não é possível se concentrar para exercitar o C.H.A.R.T. e nos manter desfocados, ou fora do Estado de Presença do Ser simplesmente, pois somos incapazes de fazer o exercício físico proposto sem que tenhamos foco e concentração completa.

Basicamente, consiste na utilização do alfabeto em ordem "usual" em conjunto com movimentos corporais ritmados expressos por três movimentos simples onde, sinteticamente:

*e* – significa levantar o braço esquerdo ao mesmo tempo em que se levanta a perna direita;

*d* – significa levantar o braço direito ao mesmo tempo em que se levanta a perna esquerda;

*j* – significa levantar ambos os braços ao mesmo tempo em que se dá um pulinho com ambas as pernas em conjunto.

Juntamente com os movimentos e, d e j deve-se falar em voz alta e clara a letra correspondente acima da letra que representa o movimento.

É incomparavelmente mais fácil entender através de um exemplo, portanto, consideremos a primeira e a segunda linhas do C.H.A.R.T. exemplar apresentado no início.

| A | B | C | D | E |
|---|---|---|---|---|
| e | d | e | j | d |

### ✷ A acima de e

O primeiro movimento consiste em falar em voz alta e clara a letra "A" ao mesmo tempo em que se faz o movimento "e", ou seja, levanta-se o braço esquerdo levantando ao mesmo tempo a perna direita.

✷ ✷ ✷ ✷

### ✷ B acima de d

O segundo movimento consiste em falar em voz alta e clara a letra "B" ao mesmo tempo em que se faz o movimento "d", isto é, levanta-se o braço direito levantando ao mesmo tempo a perna esquerda.

✷ ✷ ✷ ✷

* **C acima de e**

O terceiro movimento consiste em falar em voz alta e clara a letra "C" ao mesmo tempo em que se faz o movimento "e", ou seja, levanta-se o braço esquerdo levantando ao mesmo tempo a perna direita.

* * * *

* **D acima de j**

O quarto movimento consiste em falar em voz alta e clara a letra "D" ao mesmo tempo em que se faz o movimento "j", ou melhor, levantam-se ambos os braços, ao mesmo tempo em que se dá um pequeno pulinho com ambas as pernas juntas.

* * * *

* **E acima de d**

O quinto movimento consiste em falar em voz alta e clara a letra "B" ao mesmo tempo em que se faz o movimento "d", quer dizer, levanta-se o braço direito levantando ao mesmo tempo a perna esquerda.

E assim por diante até o final do alfabeto e por cerca de dez minutos.

* * * *

Aplicando, sugiro experimentar em um momento em que se depare com uma situação limitante e desafiadora. Podem ser, por exemplo, aqueles momentos que antecedem uma reunião na empresa particularmente complicada, uma entrevista de emprego desejado, aqueles segundos em que se pensa "falo ou não falo?", "peço ou não peço?", "faço ou não faço?", seja lá para que se apresenta, ou então aqueles instantes anteriores ao início de uma prova na faculdade, ou em seu curso de Inglês ou ainda aqueles segundos que antecedem ao embarque em um voo longo, ou em inúmeros outros momentos em que nos sintamos desafiados, assustados, amedrontados, indecisos, preocupados, ansiosos.

Interessante e imensamente rico é que podemos igualmente usar o C.H.A.R.T. para potencializar um momento em que estamos seguros, tranquilos ou mesmo com recursos necessários, mas em que desejamos estar ainda mais focados. Pode ser no momento em que temos uma sensação de grata alegria e queremos ficar radiantes. Ou um momento em que estamos satisfeitos, mas queremos ficar extasiados. Ou ainda uma situação na qual queremos transformar o que é bom em perfeito.

Entre outras palavras, podemos transformar uma situação desfavorável ou limitante em facilitadora e de recursos ou ainda, e acima de tudo, nos deparar com uma situação já adequada, mas que pode ficar mais facilitadora e ainda mais satisfatória.

Quando se apresentar uma situação nestes modelos ou padrões procure um local onde se sinta confortável e afixe uma folha com o C.H.A.R.T. na parede ou em uma superfície lisa mais ou menos na altura de seus olhos. Tenha o cuidado de afixar o papel em uma altura adequada, afinal queremos provocar um estado de recursos e não um estado de dor nos ombros ou pescoço, por ficarmos nos esticando e olhando para cima ou ainda nos encolhendo e olhando para baixo.

Sinta o Estado Atual identificando as limitações e os recursos que considere necessários e adequados e foque em modificá-lo positivamente.

Faça o C.H.A.R.T. Após algum tempo se exercitando, aproximadamente por dez minutos, pare o exercício, feche os olhos momentaneamente, respire profundamente até acalmar-se e perceba como está agora o estado interno. Verifique se o Estado Desejado foi plenamente atingido. Perceba as mudanças na sua fisiologia, na representação e diálogos internos.

Lembre-se que o C.H.A.R.T. aqui apresentado é somente um exemplo e que se pode modificar a sequência de letras que estabelecem os movimentos de qualquer forma que lhe agradar, assim, quando os movimentos começarem a se tornar "fáceis" é sugerida a alteração. Pode-se igualmente alterar a ordem de forma a não seguir a sequência do alfabeto e, por exemplo, seguir em sequência horizontal em vez de vertical, ou da direita para a esquerda em lugar da esquerda para a direita, ou de baixo para cima em vez de cima para baixo. Assim eliminamos que o processo de aprendizagem humana facilite o exercício e o mesmo não nos traga os benefícios objetivados.

Outra forma de transformar o C.H.A.R.T. em um exercício um pouco mais desafiante é usarmos para os movimentos outra língua diferente da língua nativa, como o Inglês, onde t (*together*) substitui o j (juntos), o l (*left*) substitui o e (esquerdo) e o r (*right*) substitui o d (direito).

Podemos igualmente falar em voz alta as letras em outro idioma, assim claramente podemos "complicar" o exercício a fim de aumentar a capacidade de concentração e amplificar o estado de recursos desejado.

Há inúmeras variações e possibilidades de aplicação dessa ferramenta como, por exemplo, associada a uma música que tenha um ritmo constante tipo "Simply the best" ou alguma outra de sua escolha que tenha um ritmo similar.

No caso de utilizar uma música, pode-se alterar movimentos cruzando com os lados direito e esquerdo do corpo da forma como detalhado abaixo:

✽ Levante a perda direita em direção ao lado direito ao mesmo tempo em que levanta o braço esquerdo em direção ao lado esquerdo. Levante a perda esquerda em direção ao lado esquerdo ao mesmo tempo em que levanta o braço direito em direção ao lado direito. Repita o movimento por aproximadamente sete repetições de cada lado.

✽ ✽ ✽ ✽

✽ Levante o pé direito em direção ao lado esquerdo pelas costas do corpo ao mesmo tempo em que levanta o braço esquerdo em direção ao lado direito pelas costas e toque a palma esquerda no tornozelo direito. Levante o pé esquerdo em direção ao lado direito pelas costas do corpo ao mesmo tempo em que levanta o braço direito em direção ao lado esquerdo pelas costas e toque a palma direita no tornozelo esquerdo. Repita o movimento por aproximadamente sete repetições de cada lado.

✽ ✽ ✽ ✽

✽ Levante o joelho direito em direção ao lado esquerdo pela frente do corpo ao mesmo tempo em que levanta o braço esquerdo em direção ao lado direito pela frente do corpo e toque o cotovelo esquerdo no joelho direito. Levante o joelho esquerdo em direção ao lado direito pela frente do corpo ao mesmo tempo em que levanta o braço direito em direção ao lado esquerdo pela frente do corpo e toque o cotovelo direito no joelho esquerdo. Repita o movimento por aproximadamente sete repetições de cada lado.

✽ ✽ ✽ ✽

✽ Movimente o corpo para a direita e para a esquerda de forma ritmada e toque a orelha direita com os dedos da mão esquerda ao mesmo tempo em que toca a ponta do nariz com os dedos da mão direita. Continue movimentando o corpo para a direita e para a esquerda de forma ritmada e toque a orelha esquerda com os dedos da mão direita ao mesmo tempo em que toca a ponta do nariz com os dedos da mão esquerda. Repita o movimento por aproximadamente sete repetições de cada lado.

\* \* \* \*

Quando a música acabar, pare por alguns momentos, respire profundamente pelo nariz.

Sinta seu Estado e identifique o nível de centramento e foco.

Pode-se facilmente perceber um estado de energia positiva motivador além do Estado de Presença do Ser e Centramento com alto foco de atenção, além de uma alegria contagiante e plena.

O C.H.A.R.T. feito desta forma pode ser facilmente considerado como uma meditação ativa com inúmeros benefícios. Pode ser usado para "espantar" a sonolência e a preguiça muito usuais e comuns após o almoço ou em altas horas de trabalho.

E com o hábito de fazer o C.H.A.R.T. com uma música específica criamos uma âncora que nos possibilita acionar esse estado de recursos tão rico simplesmente ouvindo a música e, em muitas vezes, apenas a lembrança da música em questão já nos coloca à disposição a âncora de recursos estabelecida com o hábito.

E por estas, entre outras razões, eu tenho uma clara paixão pelo C.H.A.R.T.

Esta ferramenta é capaz de me manter alerta mesmo quando o trabalho me solicita longas horas de dedicação.

É capaz de elevar minha motivação quando em alguns momentos sinto-me desanimada com a rotina ou mesmo cansada.

É uma meditação ativa capaz de ampliar o estado de presença e manter a pessoa focada, centrada, aberta e pronta.

É mais um motivo e prova que corrobora que a PNL Sistêmica e suas ferramentas vieram para proporcionar aos seres humanos todas as possibilidades de disponibilizarmos todos os recursos que temos vivenciados ou mesmos latentes dentro de todos e de cada um de nós de forma permanente e duradoura.

ferramentas de
# PNL

# Emagrecimento sustentável com PNL

Roselake Leiros

7

## Roselake Leiros

Presidente da CrerSerMais; *coach*; *trainer* em formações de PNL, *Coach*, NutriCoach e Programas de Emagrecimento Sustentável, Relacionamento e Educação.
Com 23 anos na área financeira, parte em agosto de 2001 para seu propósito maior, "ajudar pessoas a confiar nelas, no seu potencial e serem felizes de verdade", quando se certifica em PNL Sistêmica da PAHC – Master Practitioner, Trainer e Vícios, Compulsões & Identidade – e "Tools of the Spirit", de Robert Dilts, cocriador da PNL. E depois em Hipnose Ericksoniana, Terapia da Linha do Tempo, Constelações Familiares, *Coaching*, entre outras metodologias, mas reconhece a PNL como sua base.

(11) 3142-9263 / 94162-1486
roseleiros@hotmail.com
www.crersermais.com.br

## Introdução

Certamente, vivemos um grande paradoxo. "Nunca se falou tanto de nutrição, de dieta e nunca se teve tantos problemas de peso e mal-estar com a comida!", aponta a PhD. em nutrigenômica Sophie Deram.

Hoje, em paralelo ao apelo social por um corpo excessivamente magro tipo Gisele Bündchen, há o apelo gastronômico, facilidades, fartura, comidas superprocessadas, engordantes de toda natureza que se somam à vida corrida, sem regularidade para as refeições.

Quilos extras é o resultado, que além de comprometerem a saúde física afetam a saúde emocional, abalada pela pressão social e pelo *bullying*. Não à toa muitos "gordinhos" acabam infelizes e conflitam com o seu corpo, com a comida, consigo mesmos, e estão predispostos e enlouquecidos por uma fórmula mágica que os libertem de tudo isso.

Assim, emagrecer é o assunto da vez. É motivo de admiração, reconhecimento, força de vontade. Em contrapartida, erroneamente o sobrepeso virou sinônimo de preguiça, falta de vontade, fracasso.

Aproveitando-se da dor dos que têm questões com a balança, a cada dia uma dieta milagrosa nova aparece. Informações desencontradas, um verdadeiro "terrorismo nutricional", que faz pessoas estressadas, culpadas, frustradas, infelizes e confusas.

## Emagrecer não é tão simples

Emagrecer não está atrelado exclusivamente à ingestão de calorias *versus* queima de calorias. Estudo da Universidade de Cambridge, de 2007, diz: "Regulação do peso corporal é um processo altamente complexo regulado centralmente pelo cérebro".

Isso apoia o pensamento da PNL (Programação Neurolinguística), que desde a década de 70 revela a estrutura do comportamento humano, a estrutura subjetiva do pensamento que cria a forma de sentir e agir de cada um diante de cada coisa. Revela mais, essa estrutura interna pode ser percebida e modificada. Ela tem modelos práticos de intervenção, técnicas simples, que promovem o reconhecimento da estrutura e as mudanças necessárias capazes de gerar resultados de excelência em todas as áreas de atuação humana.

Entenda através da PNL o que pode acontecer na mente e causar a obesidade e suas implicações, e reconheça que é possível com essa ferramenta transformar tais questões, de forma natural e sustentável.

## Uma máquina de programar

Através dos sensores visuais, auditivos, táteis, olfativos e gustativos – os sentidos -, o indivíduo faz suas percepções e através delas vai construindo a sua programação neurolinguística, isto é, a sua forma de pensar, sentir e agir diante das coisas.

A máquina cerebral "roda um programa", ao mesmo tempo em que se programa. Ela vai validando as programações preeexistentes, assim como construindo novas programações.

O indivíduo é fruto das compreensões que faz consciente e inconscientemente das suas experiências diretas e indiretas (as de outros), que de alguma forma chegaram a ele. Dessas últimas faz parte tudo aquilo que absorveu espontaneamente do seu meio ambiente, cultura, hábitos familiares, e até as programações que assumiu da sua árvore genealógica, como uma herança genética de estados emocionais e comportamentos, conhecida como programação "epigenética".

## Mudança sustentável é reprogramação neurolinguística

Não se deve negar ou conflitar com as próprias inadequações, tampouco entregar-se a elas. Para mudar é preciso usar o processamento mental de modo diferente do que você está acostumado. Pare de buscar culpados ou se justificar, isso tira todo o seu poder de transformação. Seja flexível e utilize a PNL. Assim:

* **Em momentos de dor, "quebrar esse estado"**: respire fundo, movimente seu corpo, mude a respiração. Mudanças na fisiologia alteram seu estado geral.

* **Adote uma posição de observador neutro de si mesmo.** Passe na sua tela mental a sua história, e veja tudo que contribui para esse estado indesejado. Perceba-se, avalie-se e compreenda o que acontece.

* **Tenha respeito sobre tudo que identificar em você, sobre o sobrepeso.** Lembre-se, as pessoas sempre fazem o melhor que sabem em cada momento.

* **Confie no seu corpo, confie em você;** você é potencialmente capaz, só precisa promover melhores compreensões e ajustes.

* **Reconhecer suas programações e reprogramar-se** é diferente de simplesmente eliminar coisas ruins e colocar outras melhores. Em nós nada se perde e tudo é bom, quando bem utilizado.

* **É necessário conhecer o que está por trás do comportamento indesejado**, pois todo comportamento por mais inadequado que pareça é sustentado por algo que inconscientemente atende a uma intenção positiva.

* **Respeite e mantenha a intenção positiva para mudar efetivamente o comportamento.**

## Conflito de programações e o efeito sanfona

Compreenda que, se você não consegue o que quer, significa apenas que o que você deseja pode estar em conflito com outra programação. Assim, o autoconhecimento é indispensável para um emagrecimento sustentável.

O que será que acontece com você, no que diz respeito ao seu sobrepeso?

* Querer emagrecer e não conseguir sustentar essa decisão e fazer o que é preciso.

* Não manter o peso ou ações após uma dieta.

* Querer fazer atividade física e faltar aos treinos; a ter ações insuficientes e/ou resultados também insuficientes.

* Você não consegue fazer nada para mudar.

Estas coisas vão gerando grande desconforto e frequentemente é comum adotarem-se posturas que geram conflitos internos.

É sabido que 80% dos seus comportamentos, escolhas, crenças são motivados por programações inconscientes. O seu cérebro reage a milhares de informações de dentro e de fora do seu corpo, e diante de qualquer coisa que sinaliza ameaça à integridade física e emocional ele aciona automaticamente mecanismos de defesa.

Localizada na parte posterior do cérebro, a amígdala cerebral é um mecanismo bioquímico e autônomo que promove o equilíbrio energético, controlando todas as funções vitais, assim como a fome, a saciedade e até o seu peso.

Programações básicas da amígdala cerebral, feitas em tempos remotos sobre sobrevivência e pertencimento, conflitam com seus objetivos de vida hoje. Naquele tempo, o armazenamento de gordura em seu corpo acontecia para garantir a sua sobrevivência, então, a escassez do alimento e a perda de gordura são tidos como ameaça à sobrevivência.

Quando o objetivo no Agora é emagrecer rapidamente, disposto a fazer sacrifícios e até restringir alimentos – isso acontece na parte frontal do cérebro (córtex) que é responsável pela cognição, a mente analítica –, essa nova programação entra em conflito direto com aquela outra programação mais antiga, pró-sobrevivência, que entende a restrição alimentar e a perda rápida de peso como uma ameaça a sua integridade.

Assim, ela vai sabotar a sua decisão de emagrecer a qualquer preço. Se a sua força consciente for grande, você emagrece, mas, tão logo baixe a guarda, vai engordar mais do que antes. É o conhecido e temido Efeito Sanfona – Emagrece/Engorda/Emagrece...

Diga NÃO à dieta restritiva, ela estressa seu cérebro, e naturalmente você vai engordar mais depois.

### Seus significados

Você pode ter dado os mais variados significados às suas experiências e certamente eles têm um valor muito elevado, e assim podem estar influenciando essa questão de sobrepeso. Por exemplo:

*Ter a comida como expressão de afeto e recompensa, "eu mereço".

*Ser gordo é um código de pertencimento e fidelidade à família de gordos.

*Comer bastante e engordar para agradar aos pais e ter seu reconhecimento/carinho.

*Ter o sobrepeso como fuga afetiva e/ou sexual.

*Evitar exposição e/ou despertar atração ou parecer sensual para proteger filhos e parceiro.

*Negação do culto ao corpo por supervalorização da intelectualidade ou da moral, ou rivalidade com os pais, irmãos ou pessoas significativas que valorizam a aparência física.

✱Aprendizados equivocados entre alimentação e afeto que levam a comer para se esvaziar/preencher diante de estados emocionais como o vazio decorrente de perdas do passado ou algo que ficou faltando, abandono, solidão, tristeza, tédio, frustração, irritação, ciúme, ansiedade, preocupação, mágoas e culpas.

✱Falta de propósito e realizações no agora.

✱Medo de passar fome como passou um dia e/ou passaram seus antepassados.

Convém lembrar que estados contínuos de preocupação, insegurança, medos em geral, propiciam constrição e a consequente retenção de líquidos no corpo, portanto, é necessário reconhecer suas causas também.

Através da PNL o indivíduo pode ser percebido de forma profunda na sua singularidade. Um profissional hábil em PNL é capaz de identificar sua estrutura mental, localizar e modificar aquilo que interfere e impede a expressão desejada.

## A estrutura do comportamento

Identificar e separar cada componente que dá estrutura ao comportamento em questão propicia empoderamento e evolução pessoal.

Identifique partes da sua estrutura, conforme exemplo:

**Comportamento** – O que eu faço? Exemplo: eu como muito.

**Crenças** que justificam o comportamento. Por que eu como muito? Exemplo: porque tenho muita fome, porque sentir fome é ruim e comer muito é bom. Minha família já passou necessidade e minha mãe falava que isso é horrível. Tenho medo de passar fome um dia.

**Intenção positiva** deste comportamento. Pergunte-se o que esse comportamento possibilita em um nível mais profundo. O que isso me traz de bom? Você vai chegar a um valor mais elevado. No exemplo, o comportamento quer "PRESERVAR DA DOR".

**Identidade** – Responda às perguntas: "Quem é você nessa hora que pratica o comportamento?" Que pensamentos você coleciona a seu respeito nessa questão? Isso influencia diretamente a sua vontade, as suas perspectivas, o seu poder pessoal, as suas ações e reações. É comum, embora inadequado, confundir identidade (eu sou) com comportamento (o que eu faço), ou o seu estado atual (eu estou), respondendo com um adjetivo negativo do tipo "eu sou um comilão" ou "eu sou gordo". Isso vai reduzi-lo a algo pequeno, inadequado e o aprisiona a isso.

**Reflita:** Você é a sua TOTALIDADE, todo o bem conhecido somado a todo o potencial que você ainda não revela hoje. Você é a sua essência... e nada pode mudar isso.

### Como e por que você come?

Nem sempre o ato de comer é consciente, por isso, é importante perceber a sua fome e saciedade. Elas são mecanismos naturais, mas são complexos, pois nelas estão envolvidos muitos componentes hormonais e químicos. A fome é o conjunto de mensagens enviadas das células e dos órgãos que demonstram a necessidade de reposição do alimento específico, assim como a saciedade é a mensagem de que a necessidade está atendida.

A evolução humana levou a espécie à percepção de outras necessidades mais sutis, outras carências, que facilmente se confundem com a fome fisiológica. O que mais se percebe hoje são pessoas comendo sem a menor consciência, para saciar necessidades/carências não fisiológicas. Esse tem sido um dos maiores fatores desencadeantes da obesidade de nossos tempos.

Então, existem vários tipos de fome, todas legítimas, por isso, é importante reconhecê-las e atender cada uma com o alimento certo:

**Fome fisiológica** – Fome celular, do organismo que precisa receber alimento; geralmente não é específica e qualquer alimento disponível pode saciá-la - Coma comida em vez de beber; coma com consciência; evite alimentos muito processados. Respeite seus relógios biológicos, coma quando tem fome e pare quando saciado. Lembre-se de que seu corpo precisa de todos os grupos de alimentos.

**Fome emocional** – Necessidade de comer algo gostoso em grande quantidade e urgência para compensar estados emocionais, para aplacar as tristezas, raivas, frustrações, angústias, ansiedade, dor, tédio, entre outras coisas. Você pode ter construído essa associação equivocada entre alimento e afeto/acolhimento/aconchego se quando bebê seus diferentes choros não foram entendidos, e todos foram atendidos com comida. – Permita-se a partir de agora perceber-se mais e, se for uma necessidade emocional, atenda de forma adequada a emoção específica. Você não precisa comer para aplacar a dor emocional, comunique, extravase, respire, chore, ou seja, resolva a questão adequadamente.

**Fome social** – Quando em um ambiente/grupo de pessoas você come para estar em conformidade com eles. Atende mais a necessidade de pertencer. Lembre-se: você pode pertencer, mas admita sua individualidade e direito de escolhas. Coma com consciência e respeitando sua fome fisiológica. Perceba outras semelhanças com o grupo que não irão impactar o seu bem-estar geral.

**Fome específica ou vontade** – Relacionada ao prazer, ao sentir, degustar algo ativado por uma lembrança, mas não há urgência, pode esperar. – Sacie no momento oportuno sua vontade com consciência dos limites e muita alegria.

A consciência é a melhor resposta para tudo. Sinta prazer e alegria em saciar adequadamente todos os seus tipos de fome, você pode e merece.

## Considerações finais

Muitas vezes, só conhecer a causa da questão é insuficiente para mudar. É preciso ter uma intervenção precisa para que a transformação aconteça com efetividade. As ferramentas da PNL utilizadas habilmente possibilitam grandes transformações em um tempo relativamente curto. Propicia o emagrecimento gradativo e natural, o bem-estar com o corpo, com a comida, consigo mesmo e com a vida, isto é um emagrecimento sustentável.

A PNL está disponível, através de profissionais que a utilizam, para o desenvolvimento de pessoas em processos individuais ou em grupos, mas também pode ser aprendida por qualquer pessoa sem exigência de muitos pré-requesitos nos cursos Practitioner e *Master Practitioner* de PNL.

**ferramentas de PNL**

# Relacionamento interpessoal – lidando com pessoas difíceis

Martha Higashi

8

## Martha Higashi

*Trainer* em Programação Neurolinguística pela PAHC, atua como facilitadora na empresa 4Tempos Cursos e Treinamentos, ministrando cursos de formação em PNL (Practitioner e Master Practitioner) e *workshops* diversos. Atua também como facilitadora e terapeuta em treinamentos de autodesenvolvimento como Leader Training (LT), Raiz Ancestral e outros. Outras formações: Hipnose Ericksoniana, Renascimento, Psicoterapia Integrativa de Memória e Consciência, Técnicas de Regressão a Vidas Passadas, Vícios e Compulsões.

(11) 3816-1197 / (11) 96443-6370
marthahigashi@uol.com.br
www.4tempos.com.br

*"A arte de viver é simplesmente a arte de conviver...
simplesmente, disse eu? Mas como é difícil!" (Mario Quintana)*

**"** Japonês, calabrês, foi o diabo quem te fez." Na escola, nas ruas, era dessa forma que as outras crianças se referiam a mim. Durante muito tempo essa frase ecoou dentro de mim, provocando dor e raiva. Isso me tornou uma pessoa introvertida, quase invisível, para assim me defender das ofensas e discriminações.

Até que, em 2003, fiz a formação em PNL na PAHC (Sociedade Brasileira de Programação em Autoconhecimento e Comunicação).

Aí começou uma nova história.

## 1ª lição - Conhece-te a ti mesmo

A 1ª lição vem do tempo do Sócrates. A verdade é que não há como iniciar uma mudança se você não tem ideia do que mudar.

Na questão de relacionamento, conheça como é "você" quando está com alguém de que gosta e como é "você" quando está com alguém que considera difícil.

Siga-me:

1. Pense em alguém com quem tem um bom relacionamento. Lembre-se dos momentos em que vocês estiveram juntos.

2. Imagine-se vendo, ouvindo e sentindo esses momentos do lado de fora, como se estivesse vendo um filme. Perceba como aquele "você" que está no filme se comporta – postura corporal, gestos, respiração, palavras e a forma de falar.

3. Agora, experimente os mesmos momentos como se estivesse na situação. E perceba seus pensamentos, seus sentimentos, imagens que vêm.

4. Respire um pouco. Vá tomar um copo de água. Movimente-se.

5. Pense em alguém com quem você tem dificuldade em ter um bom relacionamento. Repita o mesmo processo descrito nos passos 2 e 4.

6. Compare, agora, o que aconteceu com você nas duas situações. Perceba as diferenças que existem na postura corporal, gestos, palavras usadas, pensamentos, sentimentos e imagem.

O que fazer com essas diferenças? Na próxima vez, ao lidar com estes desafios, mude sua postura corporal, seus gestos, respiração igualando com a postura corporal, gestos, respiração da situação produtiva. Iguale também a forma de falar usando as mesmas palavras.

## 2ª lição – Falar a mesma língua

Conhecidos como Sistemas Representacionais, a PNL se refere aos cinco sentidos (visão, audição, tato, paladar e olfato) como portões que permitem à mente entrar em contato com o mundo exterior. São chamados de Sistemas Representacionais porque nós "representamos" os pensamentos através deles.

Usamos todos os sentidos, porém, cada pessoa tem preferência em usar um sentido mais do que outros. Falar a mesma língua é se comunicar no mesmo sistema representacional do interlocutor.

Pessoa orientada ao sistema visual percebe o mundo a partir do que vê. Usa predominantemente palavras associadas à visão, como: ver, olhar, brilhante, claro. Fala mais alto do que a média, diz muitas coisas ao mesmo tempo e nem sempre completa as frases. Fala rápido, acompanhando as imagens que vêm à mente. Gesticula acima do nível dos olhos, tem uma respiração superficial, cabeça levemente para trás, ombros erguidos ou arredondados. Gosta de contato visual direto. Geralmente está bem vestida, pois se preocupa com a imagem.

Pessoa orientada ao sistema auditivo percebe o mundo a partir do que ouve. Usa predominantemente palavras associadas ao sentido de ouvir, como: anunciar, ouvir, barulho alto/baixo. Gosta de falar de maneira organizada, usando pausas, como se quisesse ouvir a própria voz. Gesticula na altura das orelhas, corpo inclinado para frente, cabeça erguida e virada para um dos lados, ombros para trás, braços apoiados ou cruzados. Ao contrário da pessoa orientada ao visual, ela não precisa de contato direto, o que não significa que não está prestando atenção no que você está falando.

Pessoa orientada ao sistema cinestésico percebe o mundo principalmente a partir do tato, gosto ou olfato. Usa palavras associadas a sensações físicas, como: sentir, pegar, provar, saboroso. Gosta de proximidade e toque físico. Sua fala é mais devagar, acompanhada de respirações profundas. Gesticula abaixo do pescoço, cabeça baixa, ombros curvados, respiração abdominal profunda. Gosta de atenção quase individual.

Falar a mesma língua é usar o mesmo sistema representacional. Isso facilita a comunicação, e também reforça o *rapport*.

### 3ª lição – A magia do *rapport*

Quando em Roma, faça como os romanos! Significa que, estando no território do outro, aja como o outro. Essa é base da construção do *rapport*, o ingrediente mágico de um relacionamento produtivo.

*Rapport* é a habilidade de entrar no mundo da outra pessoa, fazendo-a sentir que você a entende, que é seguro estar com você.

Isso é fácil com pessoas com as quais você se dá bem naturalmente. Porém, é possível estabelecer *rapport* com qualquer pessoa, simplesmente imitando, igualando, ajustando, espelhando o comportamento (verbal e não-verbal) do outro. Criar semelhanças, com elegância e sutileza, igualando velocidade e tom da voz, fisiologia, postura, gestos e linguagem.

*Rapport* é um processo. Como tal, é necessário estabelecer e manter a conexão. *Rapport* não significa ser amigo nem concordar com alguém. É compreender o outro a partir do ponto de vista dele. Lembre-se de que ninguém coopera com o inimigo.

### 4ª lição – Escute para ser entendido

O que você espera quando fala? Que o outro te escute e entenda a sua mensagem, não é? O outro também espera a mesma coisa.

Ser um bom ouvinte auxilia na identificação do sistema representacional preferencial, e facilita o entendimento entre as partes envolvidas, reduzindo conflito.

Pratique o *backtracking*, uma habilidade da escuta ativa. Reafirme, repetindo a afirmação, usando as palavras e o mesmo tom de voz da pessoa.

Quando a pessoa se sente ouvida, se sente valorizada, fica menos defensiva, mais aberta. Além de reduzir o mal-entendido, é um reforço para aprofundar os laços do *rapport*.

### 5ª lição – Fale para ser compreendido

Você usa o seu modelo de mundo para se comunicar e o seu interlocutor usa o modelo de mundo dele para processar e compreender a mensagem que está sendo transmitido.

A mensagem falada não contém os detalhes da experiência ou do pensamento. As frases são expressas excluindo várias referências, ficando para o interlocutor preenchê-las usando as próprias experiências.

Já aconteceu de solicitar uma tarefa para alguém e receber um resultado diferente do que esperava?

Preste atenção ao que você diz ou ao que dizem para você. Tenha certeza de que as principais referências foram explicitadas. Ao pedir um planejamento detalhado, sem especificar o que é "detalhado", ficará por conta de cada um interpretar o significado.

Exercite escrevendo o que você costuma falar. Verifique as referências que foram omitidas e que podem causar mal-entendidos. Lembre-se destes pontos na próxima vez que você estiver falando com alguém.

Monitore também o seu tom de voz, sua fisiologia. Mesmo escolhendo palavras adequadas, existe uma mensagem não-verbal que é enviada e interpretada pelo interlocutor.

A forma como falamos desperta estados positivos ou negativos, em você ou no interlocutor. Experimente falar "Obrigado" em voz alta com um sorriso e depois com raiva. Perceba que a mesma palavra desperta sentimentos diferentes.

Use flexibilidade para encontrar formas e palavras diferentes para dizer a mesma coisa. Experimente várias formas e palavras e aprenda com cada experiência. Lembre-se de que você pode estabelecer o laço de confiança ou criar conflito, pode aumentar a resistência da pessoa ou a cooperação.

### 6ª lição – Aprenda a lidar com críticas

Não é fácil ouvir que o seu trabalho está errado ou que seu comportamento é ruim.

Separe a crítica da sua identidade. Se alguém diz que você não está sendo produtivo, não está dizendo que você é preguiçoso, e sim que o resultado do seu trabalho não está rendendo o esperado.

Separe a forma do conteúdo da mensagem. O melhor dos mundos seria ouvir uma crítica de uma forma amorosa e palavras não ofensivas. Mas não é assim que funciona.

Fique com o conteúdo da mensagem. Faça perguntas para que a pessoa expanda ou elabore melhor o que está sendo dito. Agradeça à pessoa que trouxe a crítica. Trazer o sentimento de gratidão anula os sentimentos de mal-estar.

Uma estratégia é dissociar da situação. Fazer de conta que é apenas um observador do que está ocorrendo. Quando começa a crítica, dê um passo para trás e, ao fazer isso, imagine que está saindo do "você" que ficou lá ouvindo a crítica. Dessa posição, fica fácil avaliar a crítica.

Conheça o seu limite. Há momentos em que o melhor é "bater em retirada". Diga: "Obrigado pelo *feedback*. Vou pensar sobre isso" e saia da situação. Quando reequilibrar o estado emocional, repasse o que aconteceu como se assistisse a um filme, se vendo na situação. O que poderia ter feito naquela situação? Qual era a intenção da crítica? Que recurso interno teria ajudado? Mude o roteiro para experimentar novos comportamentos. Edite o filme até sentir que ficou bom. Reveja o novo filme, desta vez na posição associada.

## 7ª lição – Ancore estados internos positivos

Por que, de repente, sem nenhuma razão aparente, o humor muda? Isso acontece porque os estímulos sensoriais (interno ou externo) fazem com que a mente acesse lembranças (consciente ou inconsciente), trazendo o sentimento (alegria, ansiedade, raiva) associado a esta memória.

Esses estímulos que provocam uma mudança interna são chamados de âncoras. Exemplos: ouvir "aquela música" e sentir "aquela experiência", entrar em um local e lembrar-se de algo ou ter algum tipo de sensação.

Âncoras são criadas e acionadas o tempo todo, mudando o estado emocional e influenciando na escolha dos comportamentos. Desde o nascimento, âncoras vão sendo instaladas através das experiências de vida. A expressão "a idade pesa" deve ser pela quantidade de âncoras que a pessoa carrega ao longo de sua vida.

Na PNL, aprendi a instalar âncoras para evocar estado positivo e passar pela situação desafiante com mais equilíbrio emocional.

Siga-me:

1. Escolha o estado interno que quer ter para enfrentar uma situação de relacionamento desafiante. Por exemplo: estar segura e confiante.

2. Lembre-se de experiências do passado nas quais você sentiu plenamente os recursos que escolheu no passo 1.

Você pode imaginar "como seria se sentisse assim, com esses recursos".

3. Associe-se à experiência e reviva como se estivesse acontecendo agora. Quando estiver sentindo plenamente o estado que quer ter, crie uma âncora que pode ser: tocar uma parte do seu corpo, falar uma palavra em um tom de voz específico, fazer um gesto singular.

4. Respire, movimente-se, vá tomar um copo de água.

5. Teste a âncora que você criou no passo 3, tocando no mesmo lugar, falando a mesma palavra usando o mesmo tom de voz, fazendo o mesmo gesto. Perceba se ao repetir o movimento, traz o estado positivo de recurso. Repita todo o exercício, se precisar.

Na próxima vez, ao enfrentar a situação de relacionamento desafiante, dispare a âncora instalada no exercício e se surpreenda tendo as novas respostas.

## 8ª lição – Estado de presença

Viver o momento presente parece simples, mas não é. Porque "estar presente" significa muito além do que "estar aqui". O corpo vive e respira no momento presente, porém, a mente flutua o tempo todo para o passado e para o futuro.

Aprender com as experiências do passado é bem diferente de "viver no passado". Projetar o que se quer no futuro e planejar ações para conseguir o objetivo é bem diferente de "viver no futuro".

"Estar presente" é estar consciente do que acontece a cada momento. Só é possível mudar algo depois que tiver consciência sobre ele. Por exemplo, você pode mudar o ritmo da sua respiração somente quando tiver consciência de como está respirando.

Existem muitas maneiras para reforçar nosso estado de presença. Uma delas é desenvolver consciência corporal.

Siga-me nesse exercício:
1. Inspire contando até 4.
2. Segure a inspiração contando até 4.
3. Expire contando até 4.
4. Segure a expiração contando até 4.

Repita os passos ao menos três vezes de olhos abertos. Antes, eu contava até dez e agora eu respiro em quatro ciclos.

## 9ª lição – Busque o melhor de cada pessoa

Um dos pressupostos da PNL diz que "A energia vai onde está a atenção". Para lidar com os comportamentos difíceis, fica mais produtivo colocar o foco no positivo, buscar o melhor de cada pessoa e ressignificar a experiência.

Afinal, mapa não é território, todo comportamento tem uma intenção positiva e as pessoas sempre fazem a melhor escolha disponível para elas.

E, assim, aprendi a lidar com os desafios em me relacionar com pessoas difíceis.

### *O Alfinete

Alfinete faz comentários que disparam sentimento de dor e raiva.

Percebi que o Alfinete não ataca a todos indistintamente. Na verdade, por buscar reconhecimento do grupo, ele alfineta os que são admirados e respeitados pelo grupo. É uma forma de mostrar para o grupo que "eles não são tudo isso". Buscar um significado mais positivo traz de volta o equilíbrio emocional e torna mais fácil ter respostas produtivas. Passei a ver a situação como alerta para não me tornar uma pessoa convencida e arrogante.

### *O Sabe-Tudo

Sabe-Tudo quer ter sempre razão. Pode-se aprender muito com ele, se se tiver paciência. Ele também busca reconhecimento do grupo, mostrando que é digno de confiança, procurando encontrar a melhor solução para cada situação. Transformei a experiência em estímulo para aprimorar o conhecimento. O melhor estado de recurso para lidar com o Sabe-Tudo é ser paciente, flexível e esperar pela oportunidade de apresentar ideias. É importante também apresentar as ideias de forma indireta, como se estivesse pedindo a opinião dele. Afinal, é o sabe-tudo, não é?

### ✱O Reclamador

Movido pela intenção de fazer a coisa certa, porém, usando estratégia inapropriada, o Reclamador vê problema em tudo. Avalie e analise a probabilidade de os problemas se tornarem reais. Envolva-o na busca das soluções, fazendo perguntas do tipo "como": Como poderíamos... Como faremos... etc. Isso ajuda a criar projetos confiáveis. Mostre reconhecimento, agradecendo a ele por mostrar os problemas.

### ✱O Joga-Culpa

Encontra justificativa para tudo que faz ou deixa de fazer, e, é claro, é culpa do mundo.

Jogar culpa é um hábito desde Adão e Eva. Adão diz que comeu a maçã porque Eva lhe ofereceu. Eva diz que comeu a maçã porque a serpente mandou. E, se perguntassem para a serpente, provavelmente, ela também culparia alguém ou algo.

O padrão de linguagem do grande Milton Erickson funcionou muito bem para mostrar outros pontos sem entrar em confronto direto.

## 10ª lição – Treine! Exercite! Pratique!

Deborah Epelman diz que os conceitos e os pressupostos devem "estar nos músculos". Só conheço um jeito para isso: treinar, exercitar, praticar.

E aqui termino este capítulo.

Obrigada a todos que me apoiaram neste pequeno grande passo. Não preciso dizer os nomes, pois eu sei que você sabe que estou me referindo a você.

**REFERÊNCIAS BIBLIOGRÁFICAS**

DILTS, Robert. A Estratégia da Genialidade. Volume I. Summus Ed.

Apostila da Formação em *Practitioner* e *Master Practitioner* da PAHC.

BANDLER, Richard; GRINDER, John. Ressignificando – Programação Neurolinguística e a Transformação do Significado. Summus Ed.

DILTS, Robert., DELOZIER, Judith. The Encyclopedia of Systemic Neuro-Linguistic Programming and NLP New Coding.

**ferramentas de PNL**

# PNL Sistêmica como caminho
## Uma história de vida com a PNL

Ana Lícia Silveira dos Reis

9

### Ana Lícia Silveira dos Reis

Natural de Avaré (SP), empresária, 27 anos de experiência em Desenvolvimento Humano, sócia-diretora na PlenaMente DHO, diretora do Lugar Pleno Rede Colaborativa de Bem-Estar; atua como *life e executive coach*, terapeuta sistêmica e consultora organizacional. Formação: Letras; MBA em Gestão Empresarial; especialização em Dinâmica dos Grupos; extensão em Terapia Sistêmica; *Master practitioner* em PNL Sistêmica; *Coaching* Internacional Integrado; Metanoia e *Management Business*.

(12) 9976-8817 / 3923-4649
analicia@plenamenterh.com.br
www.plenamenterh.com.br

# ferramentas de
# PNL

Em uma tarde, nos anos 90, eu notava o entusiasmo da palestrante contando como a PNL poderia contribuir com o sucesso das pessoas de uma forma integral e sobre a sua história completamente dedicada à PNL Sistêmica. Enquanto a ouvia falar, fui me remetendo a minha história.

Desde muito pequena sempre me intrigavam os mistérios do mundo. Buscava respostas em enciclopédias, filmes de ficção, documentários sobre o universo e suas galáxias. Imaginei que desejaria ser astronauta ou uma cientista que desvendasse o universo. Ler foi outra coisa que me fascinou, pois ficava encantada ao ver que as pessoas olhavam riscos e os transformavam em entonações, expressões, explicações.

Aos poucos a vida foi me apresentando novos mistérios e prazeres e um dos meus maiores gostos era conversar, ouvir as pessoas, fazer-lhes perguntas, conhecer seus motivos e seus impedimentos na existência. Normalmente, eu pensava: "Mas por que essa história foi assim? E aquela outra... Poderia também ter tido um desfecho diferente". Fui, então, entendendo de qual universo minha mente e meu coração se ocupavam. Eu queria desvendar o universo humano e seus inúmeros mistérios. Mais do que as galáxias e planetas, eu ficava matutando como as coisas aconteciam na mente e como iam para o mundo prático. Era uma fascinação. Sim, confesso... ainda é!! Um universo inesgotável de possibilidades são as pessoas.

A partir da observação da minha mente, eu inventava histórias para meus irmãos, criava contos de terror dos quais passava a inexplicavelmente temer. E então me perguntava:

– Fui eu que inventei isso, sei que é mentira, então por que estou sentindo esse pavor?

E ali ficava eu, entre o pavor e o questionamento.

Foi assim que cresci, observando as pessoas e a mim, percebendo as coerências e incoerências, os apegos e dificuldades. De observadora passei a agir, lendo sobre Psicologia, Parapsicologia e tudo que pudesse me ajudar a compreender os mistérios da mente.

E, naquela tarde, estava eu em sala de aula, aprendendo sobre técnicas e modelos mentais, e algumas coisas começaram a fazer muito sentido. Passei a ler livros de PNL, ir a palestras, e questionar muito mais coisas. Aos poucos a PNL foi tomando espaço em minha vida. Especialmente nos contatos com a Deborah Epelman, que me apresentou a PNL Sistêmica, e com seus princípios e jeito de ver a vida me pareceu mais alinhada às minhas crenças profundas de um Ser Integral.

Quando entendemos a PNL com a profundidade que ela propõe e com a simplicidade com que ela se aplica, começamos a compreender os caminhos diretos de nossa mente, que muitas vezes nos pareciam tortuosos e complexos.

Outra importante constatação com a PNL é de que ouvir com total atenção é um diferencial no estabelecimento do *rapport* e a consequente promoção da relação de confiança e compreensão do outro a partir dele mesmo e não somente dos nossos próprios paradigmas.

Conhecer a maneira adequada de ouvir, olhar e demonstrar claramente ao outro que eu estou presente foi algo muito valioso em minha vida pessoal e profissional. Mesmo estando consciente e tendo experiência, é importante manter a vigília para não cair na armadilha de ouvir mais a nós mesmos que ao interlocutor.

Ao longo do tempo, fui me surpreendendo sobre como se ganha credibilidade ao ser um bom ouvinte. Pois, além de acompanhar o outro na trajetória de sua mente, somos capazes de falar muito mais sinteticamente e ir direto ao ponto. Creio que esse tenha sido um aprendizado fundamental em minha vida profissional e que me esforço em manter ativo também nas relações pessoais, pois nestas nem sempre nos colocamos para ouvir de forma consciente.

As bases da PNL Sistêmica são, para mim, sua maior riqueza. As técnicas são também fantásticas e de fato funcionam. Saber que vivemos sempre sob um postulado de crenças pode ser a princípio sufocante, mas com o tempo se torna libertador, pois, se estamos invariavelmente *sub judice* delas, precisamos criar o hábito de nos ouvir, sem julgamento, exercitando a "terceira pessoa", ou nossa metapercepção. Assim, temos a chance de descobrir nossas amarras e, bem ao lado delas, nossas crenças libertadoras, e ao conhecê-las podemos nos lapidar incessantemente.

Outro aprendizado fundamental foi compreender que todo comportamento tem uma intenção positiva e que há sempre alguma circunstância em que ele pode ser útil e adequado. Bem como reconhecer que 10% do que acontece com uma pessoa vem de fatores externos e 90% são reprises e provocações da própria mente. Como nas histórias de terror criadas por mim na infância, que ganhavam ares de verdade e me apavoravam.

Quando fiz o Master Practitioner, imaginei que nada mais poderia me deter, "com um bom *reimprint* conserto o que desejar", pensava. Acreditei estar munida de todas as técnicas e ferramentas para transformar minha vida.

Essa crença sobreviveu até confrontar-se com outra mais forte que me habita. A crença de que não nos bastamos e que a riqueza do Outro nos liberta da arrogância e da solidão. E que, mesmo detendo tantas informações e conhecimento, ainda se fez necessário ter parceiros que nos ajudem a nos reconhecer, como espelhos nítidos. E é nessas "parcerias terapêuticas" formais ou informais que sigo aprendendo continuamente sobre mim, o mundo e seus mistérios.

Houve uma situação tão gostosa em minha vida, um fato pessoal, entre muitos em que pude me valer da Programação Neurolinguística. Meu filho já tinha cerca de oito anos e sentia dificuldade em andar de bicicleta. Por uma série de situações, acabou não vivenciando essa experiência no melhor momento e estava ficando cada dia mais difícil confiar que conseguiria. E num bate papo informal, no qual me dediquei a ouvi-lo com toda atenção, ele foi me relatando, sem ter consciência, todos os recursos de que necessitava para pedalar continuamente e, da mesma maneira, as formas que o restringiam. E de uma maneira muito natural propus fazermos uma técnica chamada *switch* para ajudá-lo. Após finalizarmos o processo, era clara sua autoconfiança em pedalar. A minha nem tanto, pois logo que o percebi encorajado a mãe apareceu com todos os receios de causar um "trauma" na criança! Ao chegar à chácara dos avós, ele simplesmente pegou a bicicleta e sem dizer nada subiu e pedalou, pedalou e pedalou, sem cair. É claro que houve momentos em que me "arrependi" desse dia, mas essa confiança em pedalar se ampliou para alçar muitos voos, como devem fazer os filhos.

Em meu trabalho atual, onde atendo como *coach* e realizo desenvolvimento de equipes e líderes, não há como dissociar meu conhecimento de quem eu sou e como realizo meu trabalho. Há momentos em que não consigo, por conta do ambiente, do tamanho do grupo ou outros motivadores, utilizar alguma técnica que seria extremamente útil, mas por conhecer os princípios do pensamento é possível ajustar os exercícios e encontrar alternativas muito interessantes.

Utilizar metamodelo é algo que faço constantemente quando percebo a pessoa ou grupo estagnando. E basta a pessoa "sair de si" e ver-se na perspectiva de outra pessoa para que os recursos saltem e se tornem claros. Perceber o insight no rosto e em todo o movimento corporal também é algo muito gratificante. Às vezes, consigo percebê-los em mim, e meu observador interno começa a divertir-se por me flagrar em algo tão especial.

Normalmente eu não me apresento como uma profissional de PNL, mas certamente não me furto em dizer que dentro de minha bagagem de recursos utilizo muitos pressupostos básicos e ferramentas da PNL Sistêmica.

E foi nesse arranjo, entre mim e a PNL, que pude reconhecer o encontro daquela garotinha intrigada com o universo humano confrontando-se com um poderoso arcabouço de recursos para caminhar na própria vida e apoiar pessoas em suas desafiadoras caminhadas.

ferramentas de
# PNL

## Escolhas
### Um instante é o que fica / momento ímpar que justifique a vida

Hilda Medeiros

10

**Hilda Medeiros**

*Master coach*; *trainer* em PNL, hipnoterapeuta clínica ericksoniana, palestrante, bacharel em Filosofia.

www.hildamedeiros.com.br

Ao ser convidada para coautoria deste livro, "Ferramentas da PNL", fiquei bastante emocionada, feliz e com uma sensação de eterna gratidão por todos aqueles que contribuíram para a descoberta e divulgação dessas técnicas tão poderosas que nos fazem lembrar quem realmente somos, a sabedoria que temos e todos os recursos disponíveis dentro de nós. Desde o primeiro contato com a Programação Neurolinguística, 15 anos atrás, foram muitas conquistas: pessoal, profissional e a grande oportunidade de ajudar tantas pessoas a realizarem seus desejos.

Meu primeiro contato com a PNL foi num momento crucial em minha vida. Buscava ajuda, não especificamente para mim, mas porque precisava ajudar uma pessoa querida. Três meses antes, havia descoberto que minha irmã estava com câncer. Ela via a si mesma no caixão e falava comigo sobre quem cuidaria de seus filhos, bem pequenos na época. Ela acreditava que iria morrer e nós passamos a acreditar na crença dela. Sua preocupação maior era com quem deixaria as crianças. Em nenhum momento eu disse que cuidaria delas, sabia que não poderia dizer, acreditava que elas eram o motivo para além da entrega pessoal, os filhos seriam o elo para reconectá-la à vida. Entendia isso intuitivamente, mas ainda não sabia como ligar os fios da esperança.

Não tínhamos a menor ideia do que significava ter câncer e ela estava realmente morrendo. Foram menos de três meses do diagnóstico para a constatação de uma metástase. Estávamos todos desolados, envolvidos naquela dor imensa.

A família não falava no assunto, chorávamos pelos cantos aceitando o que até então entendíamos como sinônimo da doença, a morte.

Depois de muitos dias chorando, uma noite, acordei num susto, transpirava, não sabia com o que havia sonhado, mas havia uma certeza: minha irmã viveria. Tomei a decisão de ajudá-la a acreditar na vida novamente. Eu faria tudo o que estivesse ao meu alcance para que ela pudesse ver seus filhos crescerem. Antes do brilho do sol, meu marido e toda a família já haviam sido contagiados pela nova e fortalecedora decisão. A partir daí, uma onda de energia eletrizante percorria o corpo todo, a tristeza e o pesar desapareceram, abrindo espaço para a nova visão. Foi mágico! Chegaram as informações de que precisávamos. Em uma grande livraria, o livro que me norteou naquele momento praticamente se ofereceu. Só fiz tirá-lo da prateleira.

Um amigo que não via há muitos anos telefonou e entre outras coisas disse para eu fazer PNL.

Marquei um horário com a Deborah Epelman e cheguei esbaforida já no final da sessão. Nossa conversa se resumiu em cinco minutos de apresentação. Entre o oi e o tchau ela disse que começaria a ministrar um curso de formação no sábado seguinte e perguntou se eu não queria participar. Respondi que sim. Tudo que eu sabia a respeito de PNL se resumia a poucos minutos de conversa ao telefone. Entendi que era algo sistêmico, com incrível poder de mudança. Buscava ajuda e seguiria qualquer pista que pudesse fornecer o que precisava. As informações chegavam sincronicamente, eu acreditava nelas e via milagre em tudo. Se havia chegado à consulta com tempo suficiente para ouvir o convite do curso de Neurolinguística, era isso que deveria fazer.

Assim fiz, me matriculei e iniciei no sábado seguinte. Enquanto as pessoas assistiam às aulas, eu devorava-as. Em casa aplicava o que aprendia com minha irmã. Poucos dias depois, entramos num estado emocional de absoluta potência. Lia tudo que encontrava sobre as pessoas que haviam sobrevivido à doença e encontrado a cura verdadeira. Elas também acreditaram que podiam.

Eu sabia que muito além do tratamento clínico, que ela já estava fazendo, minha irmã precisava voltar a acreditar na vida, e foi o que aconteceu.

Um dos livros que encontrei falava de crenças, escrito pelo Robert Dilts, e como ele havia ajudado sua mãe a vencer a doença. A Deborah dizia para ter calma porque esse assunto seria tratado somente no próximo módulo. Ainda aprendíamos o primeiro módulo e lá estava eu fazendo *lobby*. Assim convenci todos que pude para emendarmos um curso no outro. Não sei quantas vezes isso aconteceu na PAHC daí para frente, mas sei que essa foi a primeira vez. Uma turma maravilhosa. Meu empenho foi tanto que sabia as páginas onde se encontrava cada técnica.

Primeiro mudei em mim tudo aquilo que sabia a respeito do que significava estar com câncer. Depois trabalhei as mudanças de crenças de minha irmã. Ela voltou a acreditar na vida, em suas preces não deixava espaço para dúvidas, cura era a única possibilidade. Alguns meses depois do início da luta não havia mais sinal de metástase nem da doença. Ao ouvir o médico dizer que parecia milagre, que ela estava curada, choramos muito, mas dessa vez de alegria.

Minha querida irmã estava curada e eu queria mais. Havia sido fisgada pela vontade de ajudar. Queria ver a transformação de outras pessoas através dos recursos que aprendera, queria espalhar o conhecimento para muita gente e não somente no campo da saúde, queria ajudar nas diversas áreas da vida. Para isso precisava conhecer mais e mais. Fui buscar tudo que encontrei disponível, todos os conhecimentos ligados a Programação Neurolinguística: Hipnose, Tapping, TLT, Transformação essencial e *Coaching*.

Hoje, depois de centenas de atendimentos individuais e milhares de atendimentos em grupo, continuo vibrando e me emocionando com as conquistas que ajudo a materializar.

## Atendimento individual e em grupo

O prazer que sinto em trabalhar com pessoas é muito grande. Sou apaixonada por gente. Gosto de olhar para o indivíduo pensando nas particularidades, nos detalhes que fizeram com que se tornasse aquilo que pensa que é. Pois, como diria nosso saudoso Milton Erickson: "Não importa o que pensa que é, você é ainda muito mais do que isso". Então, quando alguém procura ajuda quero que ela possa encontrar as respostas e o ajuste que veio buscar e ainda receber muito mais do que esperava.

Ao longo dos anos trabalhando com pessoas concluo que as angústias e sofrimentos são muito parecidos. As pessoas trazem todos os tipos de queixas, no entanto, as limitações, de um modo geral, estão presas a uma mesma causa raiz. O que as prende são as emoções negativas em excesso: mágoas, medos, tristezas, raivas e culpas.

Atendo os mais variados profissionais, de empresários e doutores a donas de casa e estudantes. Os contextos são muito diferentes, mas a dor parece a mesma. A dor está associada à falta, à necessidade de aceitação, de ser amado, respeitado. Além dos medos e inseguranças.

Quando encontro alguém pela primeira vez quero ver o que está por trás dos comportamentos que ela apresenta. Crio um elo de grande empatia. É importante que o cliente se sinta completamente acolhido, assim, me coloco no lugar do outro, me identifico com a dor alheia sem me deixar sucumbir a ela. Faço isso com amor, pela intenção de realmente poder ajudar.

A arte de entrar em sintonia com o outro em PNL é conhecida como *rapport*, espelhamento de códigos e sinais que faz com que nos tornemos semelhantes. No entanto, acredito que além da técnica tem a intenção. É a intenção verdadeira em oferecer o melhor que cria o elo de absoluta confiança. É uma troca permanente de energia que circula quando sintonizados.

Quanto mais trabalho com pessoas, mais abro as portas do conhecimento de quem sou. Parece que as descobertas são infinitas, por esse motivo atender é uma arte. No palco é preciso se desnudar todos os dias para alçar uma plateia mesma, mas completamente diferente daquela do dia anterior ou mesmo da última sessão. Assim acontece em um atendimento individual ou em grupo. Se olharmos superficialmente pode parecer repetição, mas ao se envolver na essência do trabalho compreendemos que não existem pessoas iguais, assim como as impressões digitais: só existe uma de cada tipo. A diferença está no detalhe e é isso que torna a profissão tão fascinante.

## Generalizações

Os problemas se tornam como tal por conta das generalizações e associações que somos capazes de fazer. A mente é bastante criativa, o que nos torna especiais, mas quando generalizamos limitações perpetuamos problemas.

As generalizações espalham o problema fazendo parecer que não tem solução. Na maioria das vezes, as pessoas procuram ajuda quando chegam nesse ponto, no limite. É preciso que haja mudança para continuar a fluir.

No início do atendimento peço para o cliente fazer um mapa que represente as áreas de sua vida: profissão, financeiro, emocional, familiar, saúde, lazer, relacionamento amoroso, social, espiritual, intelectual, entre outras. Peço algo bem simples, um círculo dividido em fatias onde cada uma delas represente uma área da vida. Depois de dar nota em grau de satisfação de zero a dez e pintar o gráfico, fica bem mais fácil administrar a queixa, identificar que nem tudo está ruim. Não é o todo que está ruim, é apenas uma parte que não está bom. Digamos que a área que está com nota menor seja o profissional. Nesse caso especificamos ainda mais para entender exatamente o que no profissional não está bem. A partir do específico podemos atingir o alvo. Às vezes, o problema parece enorme, mas ao ser localizado e ressignificado a percepção do cliente se modifica e a solução aparece.

É bastante curioso o quanto não paramos para olhar para as áreas da vida separadamente. Na maioria das vezes funcionamos como um bloco único. Claro que o indivíduo é um todo orgânico, mas ter um olhar dissociado é fundamental para focar na solução.

Depois de ter esse mapa das áreas da vida nas mãos peço ao cliente que faça uma lista do que quer que aconteça de bom em cada uma delas. Fico bastante surpresa quando alguém sabe dizer o que quer. Na maioria das vezes, as pessoas conseguem dizer exatamente aquilo que elas não querem e falam isso com certo entusiasmo.

Contamos histórias para nós mesmos em relação a quem somos partindo das experiências que tivemos. No entanto, da realidade total de tudo aquilo que vivemos, fazemos pequenos recortes e através desse filtro selecionamos alguns dados como reais. Contamos para nós mesmos e para o mundo a história de quem somos a partir dessas poucas informações selecionadas que conseguimos observar. Podemos dizer: era uma vez uma pessoa de sucesso ou era uma vez um fracassado. Ambas as histórias parecerão reais e de acordo com a escolha será direcionado o foco da atenção. Assim sendo, as perguntas são: "Para que parte da história de minha vida eu estou olhando? O que estou afirmando para mim mesmo e para o mundo a respeito de quem sou?"

É fundamental saber para onde ir, quando se compra uma passagem para qualquer lugar, pode-se chegar até num campo de guerra. Existe um pressuposto da PNL que diz que a "energia vai para onde a atenção está". Saber exatamente o que se quer é o primeiro passo para conseguir e é aí que entram as ferramentas poderosas da Programação Neurolinguística.

## Ousar querer

Timidamente, depois de colocar no papel aquilo que desejam que aconteça nas áreas da vida, as pessoas me olham com cara de paisagem, como quem diz "Será"?

Depois de um indivíduo passar muito tempo contando histórias de que não é capaz e vibrando nessa energia, passa a acreditar que o oposto é impossível, e acaba por deixar de querer. A pessoa não ousa mais querer para se afastar da dor de não conseguir. Na maioria das vezes, passa a querer só aquilo que tem referência de possível, mesmo não sendo o melhor. Acredita ser possível querer até um determinado limite. Isso se torna um círculo vicioso. Claro que tudo se dá de forma inconsciente. No entanto, independente da idade ou o quanto se tenha chegado a lugares indesejados, qualquer momento é a hora de querer outra vez e encontrar os recursos adequados para conseguir.

Para elevar um padrão é preciso ousar querer algo que esteja em um patamar acima. Ousar querer vem antes ainda da tomada de decisão. Ousar significa ir além do estabelecido, do conhecido. A ousadia traz um senso de novidade e a partir daí vem a convicção. É mais forte quando queremos algo maior, algo novo, empolgante, que exige empenho e dedicação do que quando queremos apenas mais do mesmo.

Algumas pessoas conseguiram superar obstáculos contrariando toda a realidade limitadora que estava a sua volta. Pessoas desse tipo foram e ainda são pesquisadas por estudiosos da Programação Neurolinguística. As ferramentas obtidas com essas respostas são fundamentais para lembrar que não somos a nossa história construída e lembrada, somos muito mais, temos potencial e recursos para nos tornarmos quem realmente queremos ser.

## O poder da decisão

A decisão é uma chave que abre as portas de todas as possibilidades. Quando alguém decide verdadeiramente que vai efetuar uma mudança em sua vida, podemos afirmar que 50% do processo está em andamento. Muitas vezes as pessoas confundem vontade com decisão. Ter vontade de emagrecer é bem diferente de tomar a decisão de emagrecer.

Tomemos minha irmã como exemplo: não tenho dúvida de que ela manteve a vontade de viver mesmo nos momentos de maiores incertezas, mas somente quando ela tomou a decisão de viver foi que passou a ter atitudes condizentes com o objetivo. Ao tomar a decisão de emagrecer, por exemplo, estão implícitas todas as ações necessárias para conseguir o resultado. O que significa abrir mão de velhos hábitos, abrir mão do prazer imediato em troca de satisfação em longo prazo. Significa se comprometer com o novo estilo de vida, do qual alimentação saudável e atividade física fazem parte.

A decisão é o elo entre o estado atual e o estado desejado. Entre onde estamos e aonde queremos chegar. No entanto, só a decisão é garantia de sucesso? Nem sempre, porque nesse momento podem aparecer as crenças limitadoras, essas crenças querem sustentar as coisas do modo como estão.

## Crenças e valores

Percebemos e entendemos a realidade através de um ponto de vista singular, um universo individual. O que formata esse universo único são as crenças e os valores.

Esse conjunto de crenças e valores dá suporte para as capacidades e ações. Atuamos na vida de acordo com aquilo em que acreditamos. As crenças possibilitam ou limitam as ações de uma pessoa em direção a um objetivo. Nossos gestos, palavras e ações respondem a um porquê, crenças. Por que eu faço isso e deixo de fazer aquilo? Agimos de acordo com os modelos que tivemos na infância e juventude que acreditávamos como verdades, e na maioria das vezes sem se dar conta disso. Assim sendo, muitas crenças nos impulsionam a seguir conquistando nossos maiores desejos e outras tantas seguem nos paralisando. Quando uma pessoa acredita que alguma coisa é possível, esse algo se transforma em visão e ação até se tornar realidade.

O acreditar é a força mais poderosa para criar bem-estar e prosperidade na vida, como também pode conduzir na direção oposta.

Tudo no que uma pessoa acredita que é capaz de fazer ou ter está sustentado por crenças a respeito de si mesma.

Ao trabalhar com mulheres e homens de sucesso concluímos que o maior diferencial dessas pessoas é a capacidade de acreditar em suas potencialidades. Potência é o estado bruto de tudo aquilo que pode ser lapidado para vir a ser. A alquimia da materialização das coisas passa por crenças individuais. O universo individual em potência é infinito, mas a medida das realizações de cada um está diretamente ligada ao tamanho do contêiner no qual foi enquadrado seu potencial.

Uma das técnicas mais fascinantes da PNL é chamada *reimprint*, ao aplicá-la testemunhamos verdadeiros milagres. As verdades são virtuais, no sentido de que aquilo que parece verdadeiro só o é porque um dia foi entendido como tal. A partir daí emoções passam a dar sustentação à decisão, mesmo limitante, como se fosse verdade. Quando conduzimos o cliente para a primeira vez em que aquela afirmação limitadora foi gerada, ao encontrar a causa raiz do problema e dissociar as emoções negativas que faziam perpetuá-la, a carga emocional é liberada e a crença limitadora deixa de existir, abrindo espaço para novas possibilidades. Sem impedimentos passados é possível criar visão de futuro, portanto, transformar desejos em realidade.

Já ajudei muitas pessoas a materializar sonhos, a obter grandes conquistas emocionais e financeiras. Vi clientes comemorarem prêmios que pareciam inatingíveis, assisti a casamentos saídos do universo virtual, o início e a consolidação de empresas, atores se realizarem no palco, reconciliações, aceitação, famílias se unindo, políticos assumindo o cargo, a lista é longa. No entanto, ainda hoje o que mais me emociona é quando ajudo a tornar real o sonho da maternidade.

## O florescer da vida

Quando uma mulher ou um casal me procura porque quer ter um filho e não consegue, geralmente eles já se encontram emocionalmente esgotados. Na maioria das vezes, já fizeram tentativas frustradas de fertilidade assistida ou inseminação artificial. Além da dor da perda trazem consigo grande sentimento de culpa. Eles ficam angustiados, sufocados por não conseguirem dividir com amigos e familiares algo de que sentem vergonha. Isso mesmo. É bem comum sentirem vergonha e culpa por não conseguirem engravidar. Ou seja, além da dor real por conta da impotência diante da situação ainda tem esse agravante relacionado ao que entendem como falta de merecimento, que causa sensação de derrota permanente. Esse tipo de sentimento, muitas vezes, afeta outras áreas da vida, como o profissional. Tem casos que abalam até mesmo o relacionamento conjugal.

A primeira coisa é limpar o luto, as tristezas, o medo de perder novamente e a crença de incapacidade que foi gerada. Ao abrir espaço emocional ficam leves outra vez, os futuros pais e mães voltam a sorrir. Já aconteceu até gravidez natural após os ajustes realizados emocionalmente. Mais ou menos como em casos que já ouvimos, de casais que após adotarem um filho de coração acabam por gerar naturalmente. O que acontece em ambas as situações é que ao baixar a ansiedade e as expectativas o organismo encontra o comportamento natural da gravidez. Porém, eu digo a todos os clientes que o tratamento clínico não está separado do psicológico, ou seja, não incentivo ninguém, em hipótese alguma, a parar nenhum tratamento, ao contrário. O alinhamento emocional é fundamental para resgatar a confiança e trazer a certeza de que, mesmo diante do incerto, com tantas ferramentas modernas, gerar e dar à luz são uma questão de meses.

Quando leio as mensagens carinhosas acompanhadas de fotos de um, dois ou até três bebês, celebro e agradeço a possibilidade de ser um instrumento de algo bem maior.

Lá estarei de novo / assistindo de camarote / o espetáculo do crescimento / a dádiva do alvorecer / a beleza do ser.

## Estado emocional

O estado emocional que vibramos com maior frequência acaba por definir nossa identidade. Estamos no mundo e ele está em nós. Cabe escolher a qualidade dessa troca permanente de influenciar e sermos influenciados. Estamos inseridos num meio onde somos bombardeados por informações trágicas que entram em nossas vidas sem pedir licença. Mas apesar do pessimismo propagante é importante estarmos atentos à qualidade vibrátil e sabermos qual conteúdo queremos tornar permanente. Sintonizo minha mente, meu corpo e minha alma no amor, na amizade, na compaixão, em busca de sabedoria para contribuir para um mundo melhor. Tudo é uma questão de escolhas.

Só o perdão revela / só o silêncio permite / só a compaixão liberta / só o amor salva.

**ferramentas de**
# PNL

# Curando
# sua carência

Ricardo Ferretti

11

## Ricardo Ferretti

Psicólogo, *trainer* em PNL, *coach, training in ericksonian therapy* e palestrante.
Atua há mais de 15 anos em várias cidades do Brasil, aplicando e desenvolvendo treinamentos de PNL, *Coaching* e desenvolvimento humano em empresas e para o público em geral.
Na área clínica atua, principalmente, com relacionamentos, ansiedade, depressão e fobias.
Possui várias certificações nacionais e internacionais, com renomados profissionais tais como Deborah Epelman, Robert Dilts, Stephen Paul Adler, Debora Bacon, Jeffrey Zeig.
É autor dos *workshops* Transformação e Crescimento de *Life Coaching* e DR – Desvendando as relações na área dos relacionamentos afetivos.

rferretti@uol.com.br
ricardoferretti.com.br

Diariamente, em minhas relações sociais e profissionais, tenho ouvido as pessoas reclamando da falta de tempo, falta de dinheiro, falta de respeito, carências afetivas e toda a sorte de reclamações.

Basta um breve passeio nas redes sociais e lá estão *posts* que relatam um total estado de carência, e que muitas vezes são escritos em forma de brincadeira, mas que revelam o verdadeiro sentimento de boa parte da sociedade.

Apesar da crise econômica, riquezas são produzidas diariamente e muitos se tornam milionários. Desde a criação do tempo, o dia tem 24 horas, e para todos os habitantes do planeta. Conquistamos a tecnologia e existem muitas ferramentas para agilizarmos nossas tarefas e, no entanto, o dia parece cada vez mais curto.

Somos hoje 7 bilhões de pessoas, com muito mais escolaridade do que alguns anos atrás, existem as redes sociais, que mesmo de dentro de casa podemos interagir com pessoas do mundo inteiro, já não temos que nos deslocar até a praça do bairro e conhecer apenas nossos vizinhos, muito menos esperar por dias o retorno de uma carta, e apesar disto estamos cada vez mais solitários.

Por estas e muitas outras razões, e tendo vivido como a maioria das pessoas, em um passado recente, também cheguei a experimentar estes estados de carência, e como muitos também cheguei quase a achar que isto era normal, era o preço da modernidade.

Felizmente, nunca fui de me conformar com os hábitos da massa, e não precisei de muito tempo para entender a razão, ou algumas razões, que nos levam a este estado de carência e achar maneiras de mudar tal sentimento, vivendo na mesma cidade em que sempre vivi e de alguma forma exercendo o mesmo papel social, que sempre exerci.

Não é necessária nenhuma ação radical, nenhuma ruptura traumática. Somente uma decisão, aceitar a grandeza humana e conhecer algumas Leis que não nos ensinam na escola, para começarmos a mudar e sairmos deste estado limitante que está conduzindo a humanidade ao desespero.

Admitir que a carência é uma doença não é uma tarefa fácil, para quem já se acostumou com este estado. Basta olhar a sua volta, e ver que o Universo é próspero e abundante. E, se por algum motivo, você alguma vez já pensou que algo bom não era pra ti, não entendeu como algumas pessoas conseguem coisas e/ou relacionamentos e você se justifica ou desqualifica, estes podem ser alguns sintomas de que talvez você ainda não tenha se dado conta de que faz parte da doença, que cada dia mais acomete grande parte da população, chamada de ESTADO DE CARÊNCIA.

Existe através de cada ser vivente neste planeta uma energia única que se manifesta através de você, e você não tem o direito de impedir a humanidade de conhecê-la.

Posso até imaginar que, se você está lendo este livro, de alguma forma reconhece seu estado de carência, ou ao menos a existência do mesmo. Talvez tenha pensado em alguém, ou algum membro de sua família, ou quem sabe ficou apenas curioso com o título. Não importa se nenhuma das hipóteses acima se enquadra no seu atual momento de vida, espero que sirva como uma vacina, para que você possa se manter com consciência no seu melhor.

Sabemos da dinâmica da vida, e que nada é estável, eventualmente teremos situações mais desafiantes que outras em todas as áreas de nossas vidas, e o que não podemos permitir é que estes momentos de turbulência se tornem uma rotina, e que sejam aceitos como uma situação determinante e infinita e se espalhe para outras áreas.

Abordaremos neste artigo três áreas da vida: tempo, finanças e relacionamentos, por entender que mesmo que você esteja carente em outras áreas da vida, tais como: saúde, lazer, cultura etc., precisará construir uma base sólida, onde o tempo, o dinheiro e os relacionamentos serão necessários para uma cura completa de sua vida.

Não pretendo oferecer ao leitor uma receita milagrosa, tampouco a revelação de algum segredo. Apenas despertá-lo para a reflexão de que se não estaria aceitando da vida menos do que ela pode lhe oferecer, e convidá-lo a experimentar novas posturas que poderão contribuir para um incremento de sua felicidade e na construção de um mundo melhor, oferecendo a outros um exemplo de superação e motivando-os a buscarem uma sintonia com a prosperidade e abundância oferecida pela vida e pelo Universo.

Acredito que, se cada um de nós viver na sua melhor forma, todos nos beneficiaremos. Sonho com o dia em que cada ser vivente neste planeta não precise da caridade alheia. Se cada um de nós alcançarmos nossa melhor forma, se tivermos o suficiente para podermos dar atenção aos nossos amados, estaremos manifestando o Amor, e aumentando o número de doadores, estaremos reduzindo a carência dos necessitados, seja em qual área da vida ela estiver se manifestando.

### Tempo

A carência do tempo parece ser o mal de nossa vida, os dias estão cada vez mais curtos e isso causa grande sofrimento na maioria das pessoas, a superocupação, dificuldade de deslocamento e todas as distrações que a tecnologia nos oferece estão consumindo boa parte de nossas vidas. Vivemos tão ocupados que já não temos tempo para desfrutar nossas conquistas.

Preste atenção em como está investindo seu tempo, suas tarefas são realmente tão importantes assim ou sua distração está lhe roubando a vida? É impossível para qualquer ser existente parar no tempo e no espaço, somos parte de um sistema que tem vida própria e é através da sintonia que o fluir fará parte de nossa existência. Evite a superocupação e a sensação de que o tempo não é suficiente para você. Isso drena sua energia criativa e o aprisiona no estado de carência.

Outra atitude que só serve para drenar nossa energia é a incapacidade de dizer NÃO, existem pessoas que não têm vida própria, pelo simples fato de não saberem dizer "não". Muitas vezes fazemos coisas que não gostaríamos de fazer, simplesmente porque alguém pediu, e como não sabemos dizer "não" acabamos fazendo.

Tal atitude acaba por nos roubar nosso tempo e provocar uma insatisfação, que nos desconcentra do que realmente queremos fazer. E, como já foi dito anteriormente, tudo que causa insatisfação drena energia, portanto, aprenda a dizer "não". Minha sugestão é que você tire uma semana para praticar dizer "não", ao menos que seja um "sim" incondicional, e lembre-se de que para quem não sabe dizer "não", o "sim" não tem nenhum valor.

Organizar uma agenda minuciosa é a melhor forma de evitar distrações. Podemos classificar nossas tarefas em importantes, urgentes e circunstanciais. Por exemplo: fazer um *check-up* é algo importante, mas não fazê-lo inicialmente pode dar a impressão de que não perdemos nada e de repente adoecemos e o tratamento da saúde passa a ser algo urgente que nos aprisionará em tarefas circunstanciais e urgentes, roubando nosso tempo do que é realmente importante.

Imagino que, se o leitor não possui uma agenda bem planejada, deverá usar todos os seus dias em tarefas urgentes e circunstanciais. Para isso minha sugestão é que ao montar sua agenda comece colocando algumas tarefas importantes e verá em pouco tempo se reduzir a quantidade de tarefas urgentes e quando surgir algo circunstancial não se sentirá estressado.

## Relacionamentos

Somos seres sociais, vivemos em um sistema de redes relacionais e é impossível a vida a sós. É fato que a qualidade de nossos relacionamentos está chegando a um nível próximo do insuportável, vivemos em uma época de individualismo exacerbado, egos potencializados e empatia nanica, e tal postura coloca-nos em uma condição de carência extrema.

O paradoxo da existência é a necessidade de aceitação e reconhecimento. Enfraquecemos nossa identidade na busca pela aceitação, nos vestindo como esperado, consumindo o que está na moda, frequentando os lugares badalados. Somos comandados pelo sistema e sofremos na busca do reconhecimento de uma autenticidade que renunciamos pela busca da aceitação pelo grupo.

É preciso encontrar nosso autoconceito mais justo, livrar-nos de nossas crenças limitantes, aprender a lidar com alteridade humana e praticar a empatia a fim de encontrarmos em nossa essência o amor universal e trazê-lo para nossa existência.

Segundo Sartre, se você se sente em solidão quando estás a sós, é porque estás em péssima companhia. Muitas pessoas dão importância a outros que sequer sabem seu nome, fingem qualidades ao invés de desenvolvê-las, desprezam a essência por uma aparência frágil e volátil.

Nascemos inteiros, à imagem e semelhança do Criador, seres divinos, ainda que não se acredite em um Deus criador, não podemos negar a perfeição da energia vital. Enquanto não nos reconhecermos em nossa perfeita imperfeição, pois o ser humano é um ser em eterna construção, não seremos capazes de nos relacionarmos com o outro.

Ninguém nasce para ser metade do outro, somos inteiros e em construção, colocar-se em dependência de outro para sermos inteiros é como a semente que só germina se plantada por um jardineiro. É preciso aprender a ter um relacionamento intrapessoal saudável, para podermos nos relacionar com o outro, é preciso ser inteiro para pertencer a algo.

Se pensarmos no conceito matemático, não existe um conjunto com meio elemento. Para ser elemento de um conjunto é preciso ser inteiro. Da mesma forma, 1 x 1= 1, somente o inteiro produz outro, veja: 1 x ½ = ½ e ½ x ½ = ¼. A completude precede a plenitude.

Livre-se do seu medo de não ser correspondido, seja para o outro exatamente como gostaria que fossem com você e, caso o outro não seja capaz de reconhecer sua grandeza, quem perdeu foi ele mesmo por não ter tido a capacidade de desfrutar do seu valor, siga em frente e acredite na sincronicidade do universo, só atraímos aquilo que possuímos em abundância.

## Finanças

Na área financeira, deixei por último exatamente porque muitas pessoas pensam que só podem ser plenas em outras áreas da vida se possuírem recursos financeiros, e esta talvez seja a maior armadilha para uma vida medíocre.

É preciso se colocar em uma situação de abundância para nos conectar com a prosperidade, e a área financeira a despeito do que pensa a maioria é a mais fácil, pois só existem dois caminhos: ganhar mais ou gastar menos.

Muitos dedicam grande parte de seu dia empenhados na tarefa de ganhar mais, para isto, trabalham mais e não percebem que acabam colocando outras áreas de sua vida em uma condição de carência, por exemplo, o tempo e os relacionamentos. E não precisamos de muito esforço para reconhecer que, se já estamos em carência na área financeira, contaminar outras áreas em nada contribui com a mudança.

Preste atenção se você busca uma vida confortável ou está preso a um estilo de vida. Precisamos aprender a renunciar à gratificação imediata e satisfazer nossos valores, que é o que nos traz senso de realização, é através das nossas necessidades reais que nos conectamos a nossa identidade. Nossos desejos são válvulas de escape para a gratificação imediata.

Faça um planejamento financeiro, quite suas dívidas, elimine os ralos de dinheiro, crie reservas e fuja da ideia de que para ser é preciso ter. Primeiro você precisa ser próspero para ter algo.

Uma boa estratégia para frear o consumo por impulso é diante da vontade de uma compra fazer as seguintes perguntas: "Tenho dinheiro para esta despesa? Preciso disto? Preciso disto agora?" Com esta simples prática, acredito que o leitor conseguirá reduzir drasticamente suas aquisições por impulso ou por sugestão da mídia.

Quando estamos carentes em alguma área da nossa vida, tornamo-nos repelentes daquilo que queremos atrair, e isto nos coloca em um círculo vicioso. É preciso tomarmos consciência de que o Universo é próspero e positivo e que o estado de carência é um estado patológico que precisa ser interrompido ou levará todo o sistema, no caso sua existência, a um colapso. Esta é uma lei universal.

Tomar consciência já é metade do caminho, comece com ações simples, possíveis e encontrarás a solução. Existe um princípio matemático chamado de princípio de Pareto, que afirma que 80% das consequências advêm de 20% das causas. Acredite que quando você agir nos 20% das consequências irá encontrar a energia e criatividade necessárias para agir nas causas que mais impactam sua vida, seja em qual área for.

Jamais despreze suas pequenas conquistas, elas são o seu combustível para as grandes conquistas. Faça um planejamento escrito manualmente. Quando escrevemos usamos todos os nossos sistemas sensoriais e isto já é o começo da construção de um novo sistema neural necessário à realização do que deseja, além de ser um registro que serve como um contrato consigo mesmo.

Visualize suas metas, busque momentos a sós e concentre-se naquilo que desejas, medite, ore. Comece devagar, seja generoso consigo mesmo. Estabeleça prazos audaciosos, mas possíveis. Imagine que já tivesse conseguido aquilo que almejas, observe sua fisiologia, sua respiração, perceba como se sente quando visualiza suas conquistas.

A mente humana não distingue o real do imaginado, basta perceber nosso sofrimento quando estamos tomados pelo medo ou sob ameaça. Se você é capaz de ficar estressado, preocupado por uma dívida, você também é capaz de sentir-se em paz imaginando a dívida paga. E, se sua carência está de tal tamanho que lhe faz pensar que tal sugestão lhe parece infantil, meu desafio é que, agindo da forma que tem agido, você também não conseguiu solucioná-la.

Por isso lhes digo:

> "Peçam, e lhes será dado; busquem, e encontrarão; batam, e a porta lhes será aberta". (Lucas 11:9 NVI)

Nota: Este artigo é parte do livro *"Por que foges de mim?"*.

**ferramentas de PNL**

# Crenças e valores

**Sol Almeida**

12

**Solange de Almeida Santos**

Graduada em Comércio Exterior, pós-graduada em Logística Empresarial, *trainner* em Programação Neurolinguística, The Money Clinic (PNL), Vícios e Compulsões (PNL), *Leader Trainer* (Como se tornar líder de si mesmo), Física Quântica, Metafísica, *Coaching*, Eneagrama, Hipnose, Alinhamento Energético (Xamanismo).
Ministra cursos de *practitioner* em Programação Neurolinguística, Reiki II.

sol.almeidasantos@hotmail.com

Albert Einstein disse: "Tudo aquilo que o homem ignora, não existe para ele. Por isso o universo de cada um se resume no tamanho do seu saber".

Essa frase me move, pois sei que existem infinitas possibilidades e estou sempre em busca de pontos de vista diferentes. Sou uma curiosa e descobri bem cedo que pensava diferente das pessoas ao meu redor. Quando eu era criança, eu achava que era Deus, uma vez conversando com umas amiguinhas da minha idade, tínhamos 12 ou 13 anos, falei para elas que queria logo aprender a fazer "as mágicas" e que queria ser muito rica, passear, comprar muitos brinquedos, e fazer tudo que eu tinha vontade, e uma delas perguntou: "Mas como você vai fazer tudo isso?" Eu respondi: "Quando a gente cresce é isso que acontece! A gente pode tudo, só que precisamos esperar chegar até certa idade, aí vamos para uma escola e aprendemos a fazer tudo isso!"

Elas riram de mim, e disseram que eu era louca e que não existia nada disso de "mágica"! Naquele momento eu fiquei com vergonha de mim mesma e pensei: "Nessa idade e ainda tenho essas fantasias infantis e bobas na cabeça?" Comecei a me sentir inferior, comecei a negar essas ideias, me senti uma boba, passei a duvidar de tudo que passava pela minha mente, fiquei silenciosa e não dividia mais minhas "loucuras" com ninguém. Lembro-me de que fiquei muito brava com um Deus que havia me enganado aquele tempo todo! Só eu pensava desse jeito?

Decidi que não pensaria mais nisso e que não queria ser diferente de ninguém, que iria agir e pensar igual a todo mundo, ser diferente era solitário e você corria o risco de virar motivo de piada. Tornei-me uma adolescente normal, porém, intimamente achava que a vida não era só aquilo e, escondido, lia livros de Filosofia, religião, entre outros. Eu literalmente vivia em dois mundos.

Fiz faculdade de Comércio Exterior, me tornei uma profissional, trabalhei em empresas renomadas, mas não me sentia inteira, sentia que tinha mais e minha frustração era não ter tempo para me aprofundar em assuntos existenciais. Lia livros que me deixavam de cabelo em pé! Falavam de coisas completamente diferentes da realidade que eu vivia, comecei a procurar cursos ou alguma escola que me desse base, queria conhecer pessoas que pensassem igual a mim, foi quando entrei em contato com um amigo que trabalhava na empresa que oferecia palestras motivacionais na própria companhia e nessa conversa ele me indicou a PAHC, onde ele se formou.

Entrei em contato com a PAHC e lá fiz toda minha formação em Programação Neurolinguística.

Meu primeiro contato com a PNL foi fantástico, tudo que eu ouvia ficava impregnado nas minhas veias, tudo fazia sentido para mim, era como se eu não estivesse aprendendo e sim relembrando, relembrando algo que no fundo eu já sabia, mas que para me adaptar à sociedade e não ser "a" diferente, eu abafei, escondi num quartinho escuro, e mais tarde nos meus trabalhos sobre crenças e valores tive que voltar àquele porão e resgatar aquela garotinha. Foi um trabalho árduo! Naquele momento entendi a separação entre consciente e inconsciente. Como disse Jesus: "Pedi e vos será dado, procurai e achareis, batei e a porta vos será aberta"!

Como crenças e valores moldam a nossa vida?

Somos seres espirituais tendo experiências físicas, sendo espirituais, somos seres cósmicos, somos multidimensionais, temos a imensidão dentro de nós, ou melhor, somos a própria imensidão, somos livres, somos seres de luz, somos amor. Porém, ao entrarmos num corpo físico, somos submetidos à tridimensionalidade, entramos numa embalagem que nos limita, somos submetidos ao esquecimento de quem realmente somos, somos submetidos às crenças e valores dos nossos genitores, dos nossos amigos, da escola, das religiões e principalmente as crenças da sociedade da época, tudo isso cria o que chamamos de Inconsciente Coletivo, e começamos a agir de acordo com essas crenças, criamos um perfil, nos ajustamos para pertencermos a uma determinada tribo, nos especializamos em uma profissão, gostamos de certo tipo de música, chegamos a nos confundir quando nos perguntam: "Quem é você?", e geralmente respondemos sou engenheiro, sou administrador etc. Uma sociedade pensa, age e sente praticamente da mesma forma, colocando em prática costumes e aprendizados passados de geração em geração muitas vezes sem questioná-los e assim sendo nosso inconsciente carrega essas programações pela vida, bem escondidinhas de nós, caso não aconteça uma situação que as coloquem em xeque, seguimos com elas sem nos darmos conta, moldamos nossas vidas sem percebermos que estamos respondendo a essa programação, se forem crenças possibilitadoras muito bom, porém, se tivermos crenças que nos limitam, teremos uma vida limitada.

O ser humano por natureza é seguro, sabe, intui, cria, é genuíno, quando está conectado com a sua essência faz mágicas! Estando conectados, a nossa vida se transforma, as sincronicidades aparecem, o convite aparece, os nossos sonhos viram realidade, nos tornamos criativos, nossa intuição fica mais aguçada e nos leva aonde temos de ir para o nosso crescimento, nossa consciência se expande, recebemos informações, *insights*, nos tornamos familiarizados com assuntos que nem sabíamos que conhecíamos, o SER é consciência pura e é livre.

Por outro lado, crenças e valores limitantes fazem com que nos sintamos frágeis, inseguros, preconceituosos, temos necessidade de sermos aceitos, sentimos medo, nos comparamos, nos sentimos menores, repetimos padrões familiares, crenças limitantes bloqueiam nosso processo criativo, nossa visão de mundo fica restrita.

Como podemos identificar crenças e valores limitantes? Questionando-nos sempre!

– Isso é mesmo verdade para mim ou foi aprendido?

– É verdade para todos?

– Faz sentido para a pessoa que me tornei?

– Existe a possibilidade de mudança?

– Esse medo é real ou imaginário?

Aprendi com a PNL que nossos pensamentos são compostos de 75% de pensamentos negativos. Por quê? Por autoproteção, autopreservação, somos programados para nos autopreservar, não correr riscos, porém, a mente mente, nosso diálogo interno está ali o tempo todo falando: "Isso não vai dar certo", "Você não é bom o suficiente", "Será que eu mereço tudo isso"? "Esse comportamento é inapropriado!"

Para nos proteger de possíveis frustrações, num momento de tomada de decisão, nosso inconsciente geralmente envia para nossa mente imagens e lembranças de situações (parecidas) anteriores onde não fomos bem-sucedidos no intuito de nos preservar. A intenção é positiva, mas, como diz o ditado: "De boas intenções o inferno está cheio!"

Se continuarmos ouvindo a mente que quer nos proteger (sem nos questionarmos), para fugirmos de possíveis frustrações, desistindo no primeiro impedimento, vamos estagnar, o mundo pararia de evoluir, Thomas

Edison não teria inventado a lâmpada, ele fez aproximadamente mil tentativas para chegar ao seu objetivo, e quando lhe perguntaram como ele se sentia por ter falhado mil vezes ele respondeu: "Não foram falhas, agora eu conheço mil formas de como não se fazer uma lâmpada". Esse é um belo exemplo do pressuposto da PNL que diz: "Não existe fracasso, somente *feedback*!"

Portanto, questione-se a cada opinião formada que tiver, seja na criação dos seus filhos, seja na escolha de um trabalho novo, perceba se seu comportamento está baseado na situação atual ou você está repetindo uma programação antiga, aprendida, que talvez nem caiba no momento. Questione-se! A vida evolui, a linguagem evolui, podemos nos permitir evoluir juntos. Somos seres adaptáveis. Seu coração sabe, acredite nele, questione tudo que sua mente disser e as respostas virão.

Diz-se que o que eu estou procurando também está a minha procura por ressonância, somos seres eletromagnéticos, ou seja, somos um ímã, e esse eletromagnetismo sempre atrai mais do mesmo, se você tiver crenças como "a vida é uma luta", ou "essa cidade está cada vez mais perigosa", sua vibração será essa e naturalmente atrairá mais do mesmo, é a lei.

Sendo seres eletromagnéticos, podemos então entender que, quando acreditamos que podemos alcançar certo objetivo, isso é verdade, pois, nossas emoções estão vibrando nessa frequência e quando acredito que não sou capaz de alcançar aquele mesmo objetivo também é verdade pelo mesmo motivo, minhas emoções estão vibrando na frequência "não sou capaz" e terei mais do mesmo. E é assim que nós criamos nossa realidade.

Todos temos a mesma caixa de ferramentas, ou seja, todos temos as mesmas capacidades, inteligência, possibilidades, nossa única responsabilidade é aprendermos a usar essas ferramentas para que possamos discernir sobre o que é um perigo real do imaginário.

Abaixo citarei um exemplo pessoal de crenças e valores limitantes:

Eu cresci numa família muito rígida, e fui educada com os valores: "Mulher nasceu para casar e ter filhos", "Casamento é para a vida toda", "Deus castiga", "Namorado é pra casar", "Trabalho só com carteira assinada", "Estudar para quê se vai casar e cuidar da casa?", isso há 40 anos. Aos 23 anos decidi ir morar sozinha, eu tinha uma cabeça diferente dos meus pais (ou ao menos achava que tinha). Trabalhava, fazia faculdade, namorei, me casei, depois de 16 anos de casada decidimos nos divorciar.

Já morávamos em casas separadas quando o papel do divórcio saiu, até assinar os papéis eu estava bem, me sentia feliz por ter tomado essa decisão, foi conjunta, e nós dois estávamos bem, marcamos a data para assinar os papéis, correu tudo a termo. No mesmo momento em que assinei os papéis senti uma pontada na coluna, nunca havia sentido isso, foi uma dor forte, mas passou, achei normal. Fui para casa e à noite a pontada nas costas voltou, tomei um relaxante muscular e fui dormir. No dia seguinte a dor era mais intensa, tomei outro relaxante, a dor continuou, no terceiro dia não consegui levantar da cama, a dor era insuportável e, quando fui me levantar, minha coluna estava envergada, eu estava travada, não podia andar, tomei um remédio mais forte e fiquei deitada, a dor era tão intensa que eu suava, comecei a ter delírios de dor e não conseguia mais me levantar da cama. Liguei para uma amiga e pedi para ela me levar ao médico, ela teve que me tirar da cama, pois eu não conseguia andar sozinha, precisava de um apoio. Fiz todos os exames possíveis e imagináveis, os médicos não encontraram nada, me deram uma injeção e voltei para casa, a dor estava controlada, mas minha coluna não havia voltado ao normal, eu não conseguia ficar ereta, estava praticamente corcunda. Minha amiga voltou no outro dia com uma bengala, fiquei assim por uma semana, delirando de dor e andando de bengala. O cenário era: corcunda, passos lentos e bengala.

Nessa mesma semana tive um *insight*, se o problema não era físico, era algo emocional e resolvi conversar com meu corpo, me conectei com meu corpo e pedi ao meu inconsciente que me permitisse me comunicar com a parte responsável por me manter com a dor e a coluna curvada (esse é um exercício da PNL chamado Reestruturação em 6 passos). Você conversa com uma parte sua que tem um valor ou uma crença limitante e a reprograma.

No mesmo momento em que fiz a solicitação ao meu inconsciente, tive a sensação de que tinha alguém prestando atenção em mim e comecei a conversar com essa parte, agradeci por ela ter vindo conversar comigo, perguntei se ela tinha a ver com essa dor, ela respondeu que sim, falava na minha cabeça em alto e bom som, segui o exercício à risca, informei a ela que sabia que ela tinha uma intenção positiva naquele comportamento, porém, estava me prejudicando, se ela me falasse qual era a intenção positiva, poderíamos negociar, manter a intenção, porém, teria de mudar o comportamento para algo mais ecológico. São todos termos que usamos nos exercícios.

Perguntei qual era a crença ou valor que ela estava "honrando" com aquele comportamento de dor mais coluna envergada, ela respondeu de pronto: "Casamento é para a vida toda!"

Levei um susto e continuei a perguntar sobre essa frase, queria entender a lógica da crença, ela respondeu: "A vida toda é até ficar velhinho, se o seu casamento acabou é porque você já está velhinha". Ou seja, essa parte estava cumprindo com a crença dela, "Casamento é para a vida toda", e na representação dela ficar velhinha era andar devagar, coluna arqueada e bengala. Ressignifiquei a crença e no outro dia já estava de pé e saudável.

Eu conscientemente não sabia que tinha essa crença, jamais pensei que existisse esse pensamento no meu inconsciente, não sabia dos efeitos que essas frases que cresci ouvindo haviam surtido em mim. A frase: "Eu vim aqui para ser feliz" era meu lema e nunca havia me deparado com o pensamento de que manteria um casamento mesmo não estando mais feliz, se eu não estivesse feliz em qualquer situação eu a mudaria e ponto! Porém, existem camadas a serem trabalhadas, muitas vezes tomamos decisões que são contundentes com alguns valores impregnados na nossa mente e sem que entendamos essas decisões nos deixam doentes, insatisfeitos ou até mesmo nos sabotamos imediatamente após a decisão ter sido tomada. Foi uma experiência fantástica, aprendi que a cada decisão que tomo me questiono, analiso se é uma decisão ecológica, verifico minhas crenças e valores, ressignifico-as e assim me permito fazer as mudanças adequadas com segurança.

À medida que suas crenças e valores se transformam, sua realidade se transforma, à medida que suas permissões ganham mais espaço e você empurra os limites dos seus pensamentos, você expande sua consciência, explora outras possibilidades, conhece novas pessoas, novas situações, expande sua visão de mundo, e vive experiências jamais antes imaginadas.

Somos o observador da nossa mente. Observe!

**ferramentas de**
# PNL

# PNL e *Coaching*: uma aliança harmoniosa

Fátima Caribé Ayres

13

### Fátima Caribé Ayres

*Master trainer* in Neuro-Linguistic Programming, Facilitator and Transformational Entrepreneur pela NLP University/Califórnia; especialização em Executive, Positive e Personal & Professioal Coaching pela Faculdade Paulista de Pesquisa e Ensino Superior - FAPPES/SP e Sociedade Brasileira de Coaching-SBC. Certicada em Presence Coaching por Robert Dilts e Richard Moss. Integrative, Systemic, Generative e Business Coaching, pelo Metaforum International Camp.
Pós-graduada em Formação Geral e Desenvolvimento de Executivos em Administração pela FIA/USP.
Graduada em Engenharia Elétrica pela UFPB.
Atua como *coach* há mais de cinco anos, possuindo ampla experiência em administração e educação corporativa.

(84) 99981-2622 / 3231-2907
fatimacaribe@gmail.com

"Sabedoria é ter ouvidos para o diferente, acolhendo o aprendizado em harmonia com a nossa essência." (Elis Busanello)

Ao escolher como tema para este capítulo a sinergia da PNL com o *Coaching* o objetivo é enfatizar a sintonia e complementaridade que essas duas disciplinas guardam entre si, e o mundo de possibilidades criativas e eficazes que essa aliança traz aos processos de desenvolvimento e crescimento humano.

## Um recorte da minha história

A PNL surgiu na minha vida de forma despretenciosa como fruto da minha curiosidade e prazer em conhecer assuntos diferentes e novos. E o interesse se amplia quando o tema é o ser humano nos seus mais diversos aspectos.

Desde o início esse assunto me fascinou pelo potencial que colocava em minhas mãos de entender melhor a mim mesma e aos outros. Era entusiasmante pensar que eu poderia aprender a me relacionar, me comunicar, enfim, interagir com o mundo de uma forma mais afetiva e efetiva.

Já se vão alguns anos desde aquele primeiro contato com a PNL. Hoje, quando olho para trás e observo o meu caminho, percebo agradecida que sua influência foi e continua sendo muito além da aquisição de conhecimentos técnicos, tendo refletido, inclusive, na minha forma de pensar e de estar no mundo.

A PNL é pródiga e instigante, quando se fala em desenvolver o potencial das pessoas e de se apropriar de forma útil e prática desse conhecimento. Ela está fundamentada num conjunto de pressupostos os quais deixaram marcas importantes no meu cotidiano; alguns foram sendo absorvidos e incorporados à minha maneira natural de pensar e consequentemente de agir, entretanto, um em especial me tocou profundamente. Muitos autores resumem metaforicamente esse pressuposto com a expressão "O mapa não é o território".

Como dizem Bandler e Grinder, "nós, como seres humanos, não operamos diretamente no mundo. Cada um de nós cria uma representação do mundo em que vivemos - criamos um mapa ou modelo que usamos para gerar nosso comportamento".

Não há mais como não pensar que cada pessoa tem seu próprio mapa do mundo, construído a partir de sua história de vida, suas experiências, da cultura na qual está inserida, e da sua carga genética, só para citar alguns dos fatores constituintes desse referencial. Um mapa não é certo ou errado, ele simplesmente é o meu e o seu mapa. E como o mapa não é o território, apenas uma representação deste, abre-se a possibilidade de que possamos enriquecê-lo, expandindo-o constantemente a partir de novas aprendizagens e vivências. Entender e incorporar isso teve uma influência fundamental na minha vida: ser mais flexível comigo mesma e com os outros.

A partir daí, a PNL, além de propiciar um crescimento pessoal, também tornou possível ajudar outras pessoas, fazendo nascer em mim um profundo desejo de estudar cada vez mais sobre os seres humanos e me tornar uma profissional na área de desenvolvimento pessoal e organizacional.

Foi nessa busca do saber que descobri o *Coaching*, um processo estruturado que dá suporte a pessoas e empresas na jornada para se tornarem aquilo que desejam ser. Foi amor à primeira vista. Eu havia, enfim, encontrado uma maneira de aliar os conhecimentos e experiências acumulados e transformá-los em algo realmente capaz de apoiar pessoas e organizações nos seus processos de mudança.

Hoje, vejo o *Coaching* e a PNL como instrumentos que me permitem contribuir, de forma única, na criação do mundo em que eu quero viver; um mundo onde cada indivíduo possa ser quem realmente é e possa expressar seu potencial máximo. Um mundo no qual as organizações atuem verdadeiramente alicerçadas na cooperação mútua, onde impere a consciência de que as organizações existem para servir ao homem e não o homem servir as organizações. Enfim, um mundo onde pensemos com nossas mentes brilhantes e utilizemos o filtro do coração antes de agir. Afinal, as pessoas são uma fonte inesgotável de possibilidades à espera de estímulos para ser, ter ou fazer tudo aquilo que elas desejam.

## PNL e *Coaching*, uma aliança estratégica

Falar de aliança é falar de união, de cooperação, de complementariedade, de sinergia, é falar de um todo maior que suas partes, maior não no sentido de tamanho, mas na capacidade de ser mais eficaz. E quando uma aliança é harmoniosa, ela carrega em si a coerência, a suavidade e a beleza. E é com essas características que a aliança entre PNL e *Coaching* se manifesta.

No desenvolvimento desse capítulo falaremos um pouco sobre a PNL e o *Coaching* e como as ferramentas criadas pela PNL contribuem positivamente no processo de *Coaching*.

A PNL é fruto do movimento pelo potencial humano, do desejo de entender como funcionamos e de criar novas abordagens de transformação e crescimento, possuindo muitas raízes em comum com o *Coaching*.

Ao falar da PNL, Dilts afirma que a crença fundamental da PNL é que nós podemos enriquecer e expandir nossa maneira de ver o mundo, e isso nos permite ter mais escolhas na forma de pensar e agir diante de uma dada situação, e sua missão primária é criar ferramentas que ajudem as pessoas a ampliar e enriquecer seu mapa interior da realidade. Ao longo de sua história a PNL foi expandindo-se e inovando, abrangendo novas questões, envolvendo novos fenômenos e desenvolvendo novas ferramentas.

Se por um lado temos a PNL se aprofundando cada vez mais no conhecimento sobre o ser humano e transformando esse conhecimento em metodologia de mudança e desenvolvimento, por outro lado temos o *Coaching*, ampliando sua aplicabilidade e eficácia ao incorporar os avanços e descobertas das várias áreas do conhecimento humano. Ambos caminham na mesma direção, possuem propósitos semelhantes, ajudar as pessoas a maximizar seu potencial de desempenho, serem o melhor que elas podem ser, enfim, serem mais felizes.

Aristóteles já propunha a tese de que o ser humano teria uma tendência natural de buscar o crescimento e a realização de seu potencial. Deci e Ryan, na sua teoria da autodeterminação, complementavam que essa "tendência natural", para se concretizar, requer certas condições ligadas à satisfação de três necessidades básicas: autonomia, estar no controle de sua própria vida e agir em harmonia com seu eu interior; competência, capacidade de lidar de modo eficaz com o meio que o cerca; e relacionamento, desejo de interagir, de conectar-se com as pessoas, de fazer algo em benefício dos outros. *Coaching* e PNL são dois grandes aliados na jornada para a concretização dessa tendência humana.

Como já mencionado, a PNL é rica em termos de instrumentos que dão suporte a todo o processo de desenvolvimento e crescimento humano, e tanto a finalidade quanto o caráter descritivo desses instrumentos favorecem sua utilização pelo *Coaching*, incrementando o repertório ferramental, enriquecendo aqueles que o praticam com novas competências e aumentando a flexibilidade em suas atuações.

Contextualizando a aplicabilidade da PNL ao *Coaching*, apresentamos alguns conceitos, estrutura e principais aspectos do *Coaching*.

O *Coaching* tem sido conceituado de diversas formas, e suas várias perspectivas propiciam uma maior compreensão do que realmente é o processo e os benefícios alcançados com o mesmo.

> "... é fazer uma parceria com os clientes em um processo estimulante e criativo que os inspira a maximizar o seu potencial pessoal e profissional." (International Coach Federation)

> "... é um processo que liberta o potencial de um indivíduo para maximizar sua performance. Consiste em ajudar as pessoas a aprender, em vez de ensinar." (Whitmore)

> "... consiste em munir as pessoas com as ferramentas, os conhecimentos e as oportunidades de que elas necessitam para se desenvolverem e tornarem-se mais eficazes." (Peterson)

Esses conceitos nos permitem observar alguns elementos-chave que caracterizam o *Coaching*: parceria, aprendizagem, potencial humano e mudança. Portanto, o *Coaching* acontece num processo de parceria, em que o *coachee* deseja promover mudanças em sua vida e define estas mudanças através de objetivos e metas. O *coach* o apoia nesse percurso, conduzindo-o num questionamento cuidadoso e empático para que ele alcance seus objetivos com maior rapidez e assertividade. Uma terminologia específica é utilizada nesse processo que algumas vezes causa uma certa confusão. *Coaching* é o processo, *coach* é o facilitador e *coachee* é o cliente.

O *Coaching* é um processo com começo, meio e fim e embora existam diversos tipos de abordagens ele possui uma estrutura básica. Whitmore apresenta um modelo que compreende quatro etapas: estabelecimento de metas, futuro desejado; verificação da realidade, em que se explora a situação atual; as opções e estratégias alternativas; e o plano de ação.

Um aspecto interessante que se observa na prática é que a dinâmica do processo faz com que pensamentos e ações transformadoras ocorram a todo momento, em qualquer etapa. À medida que o *coachee*, ajudado pelo *coach*, vai tomando consciência de seus comportamentos, sua forma de pensar, suas crenças e seus valores, surgem oportunidades de mudança e ele adquire um novo agir e pensar.

O processo de *Coaching* possui alguns direcionamentos-chave e aqui são citados os principais:

* A essência do *Coaching* é ampliar a consciência, promover o autoconhecimento, estimular a responsabilidade e fortalecer a autoconfiança do *coachee*;

* O *coach* reconhece que os obstáculos internos muitas vezes são maiores do que os externos e ajuda o *coachee* a perceber esse fato;

* No *Coaching* não se busca ensinar às pessoas o que elas devem fazer e sim orientá-las como aprender, explorando a aprendizagem pela ação, através do feedback, pela reflexão e também contando com a aprendizagem inconsciente.

* O *coachee* precisa sentir que não existem erros, apenas *feedback*, e que este é fundamental para acompanhar seus avanços e perceber quando precisa ter novas opções, seja de comportamentos, pensamentos ou ações.

* Por fim, o coração do *Coaching*, as perguntas poderosas. Consideradas a grande ferramenta e o segredo do processo, elas levam o *coachee* à reflexão, em níveis mais profundos de consciência, a assumir a responsabilidade de fazer as mudanças desejadas.

Após essa explanação sucinta sobre PNL e *Coaching*, são apresentadas algumas ferramentas, que enriquecem a atuação do *coach* e agilizam a obtenção de resultados por parte do *coachee*.

## Estado de presença

Uma das coisas mais importantes numa sessão de *Coaching* é a condição física, mental e emocional do *coach* e do cliente. Eles precisam estar presentes de corpo e mente. O *coach* precisa ouvir o que o cliente diz com as palavras e com o corpo, estar atento ao conteúdo verbal, não-verbal e às emoções por trás desse conteúdo, criando uma conexão profunda entre eles. Também é fundamental silenciar suas crenças e julgamentos mantendo-se interessado e curioso ao que possa surgir. Já o *coachee* precisa estar concentrado no que verbaliza, nas sensações e sentimentos que emergem e nos *insights* que vão surgindo à medida que a sessão evolui.

A PNL dispõe de uma ferramenta muito interessante cuja finalidade é criar um estado que favoreça a qualidade e eficácia da interação entre *coach* e *coachee*. Ela atua no sentido de fazer com que o corpo e a mente estejam no momento presente. Muitas preocupações, ansiedade, insegurança, falta de atenção, entre outros estados limitantes, se devem ao fato de que nosso corpo está sempre no presente, e nossa mente estar divagando, saltando do passado para o futuro.

O estado de presença é alcançado quando a pessoa foca a atenção no fluxo da respiração, acompanhando conscientemente o movimento do ar entrando e saindo e observando se espalhar pelo corpo e, simultaneamente, percebendo o que ocorre dentro de si e ao seu redor, desenvolvendo e mantendo uma conexão consigo mesmo e com tudo que está ao seu redor e além de si mesmo.

Estar num estado de presença libera emoções e sentimentos que nos bloqueiam, como a ansiedade, insegurança, medos, raiva etc., ao mesmo tempo em que aumenta a concentração, a criatividade, a serenidade, a intuição e muitas outras sensações e características positivas. O estado de presença é importante não só na sessão de *Coaching* mas em diversas circunstâncias do cotidiano.

## Metamodelo

Uma ferramenta muito útil para o *coach* é o metamodelo. Já foi mencionado que as perguntas poderosas são o principal instrumento utilizado no *Coaching*. O metamodelo é um conjunto de padrões de linguagem que reconecta as omissões, distorções e generalizações à experiência que foi vivenciada. As deleções, distorções e generalizações são mecanismos naturais usados pelo ser humano para aprender, crescer e se comunicar. As omissões são informações importantes que limitam o pensamento e as ações, sendo fruto da atenção seletiva a certos aspectos das nossas experiências e exclusão de outros. As distorções ocorrem quando fazemos substituições ou modificações em nossa experiência sensorial, e isso pode causar muitos problemas desnecessários. Nas generalizações, uma experiência vivenciada pelo indivíduo passa a representar toda uma categoria da qual a experiência é apenas um exemplo.

Se por um lado esses são mecanismos de sobrevivência e aprendizagem, por outro lado esses mesmos processos podem trazer limitações e reduzir as alternativas de ação. O metamodelo, que na prática é um conjunto de perguntas, coleta informações, esclarece significados, identifica limites e oferece escolhas.

Com essa ferramenta o *coach* pode ajudar o *coachee* a tomar consciência da origem de seus comportamentos, das implicações que sua forma de comunicação pode provocar e perceber o que realmente o está limitando e que novas escolhas ele pode ter. Ela também pode ser usada pelo próprio *coachee* para tornar suas interações com outras pessoas mais claras e efetivas.

Apresentamos a seguir alguns exemplos que demonstram como podemos entender melhor algumas situações a partir destas perguntas:

– Eu tenho medo. *Medo de quê exatamente?*

– Não posso acreditar nas pessoas. *O que o impede de acreditar nas pessoas?*

– Esse método é melhor. *É melhor comparado a quê?*

– Tudo que eu faço dá errado. *Tudo mesmo? Você nunca fez nada certo?*

– Não posso dizer não para ele. *O que aconteceria se você dissesse?*

– Comunicação é fundamental. *O que você quer comunicar, a quem e como?*

– Ele me faz agir dessa forma. *Exatamente como ele faz você agir dessa forma?*

## Posições perceptuais

Muitas dificuldades nos relacionamentos, sejam eles pessoais ou profissionais, nas negociações e em muitos processos de solução de problemas residem nas diferenças de pontos de vista. No entanto, é inegável o número de oportunidades que podem surgir se olhamos para uma situação sob diversas perspectivas. Todas essas circunstâncias fazem parte dos desafios que aparecem constantemente no processo de *Coaching*. As posições perceptuais são uma ferramenta muito efetiva, que permite ao indivíduo analisar uma situação sob várias óticas, expandindo assim sua capacidade de compreensão e ampliando sua visão para novas oportunidades.

O objetivo é gerar novas informações, abrir novas perspectivas, expandir o mapa mental das pessoas, ou seja, sua percepção das situações e do mundo e, consequentemente, promover as mudanças desejadas. As explicações e descrições aqui apresentadas estão embasadas principalmente nas obras de Dilts e DeLozier, trazendo contribuições de O'Connor e Steinhouse.

Uma posição perceptual é um ponto de vista de uma pessoa sobre uma situação ou relacionamento, ou seja, é a perspectiva particular que alguém tem sobre uma interação entre duas ou mais pessoas.

A PNL definiu quatro posições sob as quais uma situação pode ser observada. Cada uma delas nos dá novas informações, contribui para o entendimento global do que se passa na mente de cada indivíduo e a combinação dessas várias perspectivas nos leva à sabedoria.

A primeira posição, perspectiva pessoal, é a percepção da situação através de nossos próprios sentidos, vendo com nosso olhos, ouvindo com nossos ouvidos, sentindo o que acontece dentro de nós e ao nosso redor, tendo nossa identidade, crenças e valores.

Na segunda posição temos o ponto de vista da outra pessoa ou grupo envolvido na situação, é o que costumamos chamar metaforicamente de "calçar o sapato do outro".

A terceira posição é uma visão de fora do contexto da situação, é como se o indivíduo estivesse observando de um ponto afastado a interação entre as pessoas, sendo uma testemunha e não um participante.

A quarta posição surgiu ao se perceber a importância de se ter uma visão sistêmica. Nessa posição observamos uma determinada interação tendo em mente o que é melhor para o sistema como um todo. Ela é fundamental para o exercício de uma liderança eficaz e para a construção e desenvolvimento do espírito de equipe.

As posições perceptuais podem ser usadas em muitos contextos, como, por exemplo: preparação e análise de reuniões, apresentações, negociações e mesmo em conversas informais entre casais e pais e filhos. Elas facilitam a identificação de comportamentos, argumentos, linguagem, postura e gestos que favoreçam o alcance de objetivos, a criação de empatia, bem como auxilia no reconhecimento de resistências ou mal-entendidos. Refletir sobre esses fatores possibilita a descoberta de novas formas de atuação.

As posições perceptuais são muito úteis porque permitem que a pessoa obtenha muitas informações sobre como ela se vê e como é vista pelos outros e como essas diferentes visões interferem nas relações.

### Ambiente generativo e intervisão

Uma das grandes demandas do *Coaching* é o desenvolvimento de equipes de alta *performance*, com capacidade de autogerenciamento, de obter os melhores resultados, alinhados com os objetivos estratégicos da organização e com a satisfação pessoal e profissional. Equipes que, como bem descreve Dilts, atuem com uma inteligência coletiva, que não é a soma das inteligências individuais, mas algo totalmente novo que só se estabelece num trabalho conjunto de pessoas com os mesmos objetivos, cada um dando o melhor de si e contribuindo para o melhor do outro, que no conjunto fazem o melhor para o sistema, a empresa.

As ferramentas "ambiente generativo" e "intervisão" ajudam a criar um ambiente adequado ao florescimento de equipes de alta *performance*, gerando comprometimento, motivação, sentido de pertencimento, senso de cooperação, respeito mútuo, sinergia e resultados inéditos. Elas foram formatadas por Dilts, sendo a primeira delas desenvolvida inicialmente pelo *trainer* Robert McDonald.

O instrumento "ambiente generativo" tem como objetivo, segundo Dilts, "criar um ambiente onde os relacionamentos tenham por base a confiança, o respeito mútuo e o reconhecimento da contribuição e recursos únicos de cada membro da equipe". A essência é encorajar as pessoas a se fortalecerem mutuamente, ressaltando o que elas percebem e verdadeiramente gostam no outro.

Na prática dessa ferramenta, Dilts utiliza duas expressões que, quando ditas a partir da observação cuidadosa de comportamentos e atitudes da outra pessoa de que realmente se gosta, e de sentimentos que são aflorados pela ação do outro, elas produzem sensações altamente positivas e fortalecedoras em quem as ouve:

"Eu vejo que você _____. E eu gosto disso".

"Eu sinto que você _____. E eu gosto disso".

A aplicação desse instrumento é simples, reunindo as pessoas em círculo e cada uma, voluntariamente, se coloca à disposição para ouvir a percepção do grupo sobre suas ações, comportamentos e atitudes. Essa prática pode ser ampliada fazendo comentários finais sobre os ganhos pessoais e profissionais pelas informações recebidas e como isso contribui para o trabalho em equipe, criando assim uma confiança e conexão maior dentro do grupo.

A intervisão também é uma ferramenta apropriada para equipes e organizações, cujo objetivo é enriquecer os projetos, as visões e as ideias de seus membros. Ela é muito eficaz na criação de algo novo, construído a partir da superposição e complementaridade das contribições dos componentes do grupo.

O segredo da efetividade desse instrumento é cada pessoa ouvir atentamente a ideia ou projeto dos outros membros e sentir o que o assunto apresentado lhe inspira, expressando o que lhe veio à mente através de desenhos. Em seguida, cada indivíduo oferece algum tipo de recurso de que disponha e que facilite a concretização da ideia ou projeto apresentado. Os recursos podem ser a indicação de livros ou artigos sobre o assunto, o contato de pessoas ou organização que tenham expertise no tema, diferentes aplicações para o que está sendo desenvolvido, mercados de interesse etc. Todo esse material quando analisado em conjunto faz emergir algo inédito, fruto das diversas concepções do mundo, diferentes conhecimentos e perspectivas.

A intervisão é muito útil na elaboração de planejamentos, resolução de problemas, criação de produtos ou serviços, entre outras atividades desenvolvidas pelas equipes e organizações.

Trabalhar com esta ferramenta é muito interessante porque ela desenvolve a criatividade, fortalece os relacionamentos e desenvolve e aprimora o senso de colaboração.

As ferramentas aqui apresentadas são apenas uma pequena amostra dentre as inúmeras possibilidades que existem na PNL. Dedicar um tempo para pesquisar e conhecer muitas outras e trazê-las para o *Coaching* com certeza será um trabalho instigante, enriquecedor e prazeroso.

A despeito de ainda existir quem refute a capacidade da PNL de promover mudanças e transformações profundas nas pessoas, e o valor agregado ao *Coaching*, a PNL vem ganhando o mundo e sendo estudada e praticada por pessoas e organizações de diversos países nas mais diversas áreas e o *Coaching* com PNL já é considerada uma de suas formas de abordagem, contando, inclusive, com uma literatura específica.

Finalizando este capítulo compartilho minha visão sobre esse tema:

*"Assumindo o papel de guia nesse percurso humano, PNL e Coaching se unem numa parceria, numa aliança, trazendo praticidade e eficácia para aqueles que decidem tomar em suas mãos a responsabilidade de empreender essa jornada".*

**REFERÊNCIAS BIBLIOGRÁFICAS**

BANDLER Richard, GRINDER John. A estrutura da magia. Rio de Janeiro: LTC Editora, 1977.

CHUNG, Tom. Qualidade começa em mim: manual neurolinguístico de liderança e comunicação. Rio de Janeiro: Qualitymark, 2003.

ANDREAS Connirae. Transformação essencial: atingindo a nascente interior. São Paulo: Summus Editorial, 1996.

DILTS, Robert. Sleigh of mouse: the magic of conversational belief change. Capitola, Califórnia: Meta Publication, 1999.

DILTS, Robert B. Next generation entrepreneurs: live your dream and create a better world through your business. Success Factor Modeling. Vol 1. Scotts Valley: Dilts Strategy Group, 2015.

DILTS, Robert B. NLP II the next generation: enriching the study of the structure of subjective experience. Capitola, Califórnia: Meta Publications, 2010.

STEINHOUSE, ROBBIE. How to *coach* with NLP. Great Britain: Pearson, 2010.

DINSMORE, Paul Campbell; SOARES, Monique Cosendey. *Coaching* Prático: o caminho para o sucesso: modelo pragmático e holístico usando o método Project-based *coaching*. Rio de Janeiro: Qualitymark, 2007.

LAGES, Andrea; O'CONNOR Joseph. Como o *coaching* funciona: o guia essencial para a história do *coaching* eficaz. Rio de Janeiro: Qualitymark, 2010.

GILLIGAN Stephen. A coragem de amar: princípios e práticas da psicoterapia das relações do self. Belo Horizonte: Editorial Caminhos, 2001

WHITMORE, John. *Coaching* para aprimorar o desempenho: os princípios e a prática do *coaching* e da liderança. São Paulo: Clio Editora, 2012.

**ferramentas de**
# PNL

# PNL: um olhar sistêmico na superação de desafios

**Maria das Dores Almeida de Sousa**

14

## Maria das Dores Almeida de Sousa

Formação acadêmica em Serviço Social – Universidade Federal do Piauí.
Especialização em Psicologia Transpessoal – Faculdade do Vale do Itajaí-Mirim; Psicopedagogia Clínica e Institucional – Instituto Superior de Educação Programus; Constelações Familiares e Sistêmicas – La Montera e Instituto Vida Plena de Desenvolvimento Humano.
*Master Practitioner* em Programação Neurolinguística – PAHC – Programação em Autoconhecimento e Comunicação.
Formação em Educação Sistêmica – Instituto Bert Hellinger Brasil Central – IBHBC.
*Professional Coach* – menbro da Sociedade Latino Americana de Coaching
Exerceu o cargo de assistente social no INSS e de auditora fiscal da Receita Federal do Brasil. Atua como psicopedagoga Clínica/terapeuta Sistêmica.

(86) 99984-9617
coach_dourada@hotmail.com
Teresina/PI

A possibilidade que tem o sujeito de exercer de forma plena os seus talentos, que é a verdadeira face do sucesso, faz lembrar o Complexo de Jonas, de que fala Abraham Maslow (*apud* LELOUP, 1999, p.43), querendo referir-se às situações em que o ser humano teme a própria grandeza e por isso se esconde da vida. Relega a segundo plano seus sonhos mais caros, em razão de uma autoimagem reduzida e distorcida, sem reconhecer e valorizar as próprias capacidades, ficando na inoperância e na insatisfação.

Muitas pessoas, em algum momento, repetem Jonas, que viajou em direção oposta àquela para a qual fora enviado, somente tomando o caminho indicado após uma tempestade que o obrigou a mudar a rota inicialmente por ele escolhida. Muitas pessoas deixam de exercer o seu potencial, subestimando-se e subutilizando os talentos de que são portadoras.

A boa notícia vem da Neurociência, que nos fala do quanto "a teoria da fixidez do cérebro está ultrapassada" (JENSEN, 2011, p. 33), então sendo possível vislumbrar a possibilidade de que novas conexões neurais sejam estimuladas, fazendo despertar não só capacidades latentes, mas também promovendo o desenvolvimento de novas habilidades.

Abordando o tema PNL – Um Olhar Sistêmico na Superação de Desafios, o presente trabalho traz à luz a dinâmica dessa ação interventiva voltada para o desenvolvimento humano, viabilizando ao sujeito a possibilidade de exercer suas potencialidades.

A linha condutora das questões tratadas aqui é a ideia de que a PNL atua numa ótica de conjunto, de integração e de totalidade, tendo por referência um novo paradigma, sobre o qual Pierre Weil (1993, p. 26) enfatizou: "Felizmente, uma nova consciência está se estabelecendo no espírito de grande parte das pessoas. Ela inspira outra maneira de ver as coisas em ciências, filosofia, arte e religião (...)".

Inicialmente, apresenta-se uma experiência que define a PNL como suporte, em um momento de importantes decisões, em que um evento aparentemente limitante redesenhou-se e tomou a forma de um campo de oportunidades.

A seguir, faz-se uma abordagem conceitual e apresenta-se um breve histórico, além da referência aos fundamentos teóricos e metodológicos subjacentes a essa modalidade de intervenção, a fim de oferecer subsídios à compreensão do material apresentado em continuidade.

Aspectos da prática são levantados na terceira parte do trabalho, estabelecendo-se sua relação com o conteúdo teórico apresentado, onde se ratifica a hipótese mobilizadora do estudo, no sentido de que a Programação Neurolinguística caracteriza-se como um modelo interventivo de natureza sistêmica, então sendo apresentadas as considerações finais.

## Meu encontro com a PNL

Viajo no túnel do tempo e aporto em março de 2008.

Ali posso ver uma funcionária pública apreensiva, insegura e confusa, ante a iminente possibilidade de ver-se aposentada, vez que estava às vésperas de implementar as condições para fazer jus a tal benefício que, naquele contexto, mais se configurava como penalidade em razão dos muitos significados restritivos contidos na palavra aposentadoria.

Àquela personagem não faltava clareza quanto ao aspecto controverso e polarizado da temática da aposentadoria, pois aí pode comportar a ideia de subtração de uma realidade que por anos a fio emprestou um sentido de identidade ao sujeito, ao mesmo tempo fazendo lembrar a euforia de viver a tão sonhada liberdade de investir seu tempo em múltiplas atividades e projetos outrora inimagináveis.

Em meio a essas conjecturas, descortinou-se diante de mim a oportunidade de conhecer a Programação Neurolinguística, oferecida através de um curso de formação promovido pela PAHC (Sociedade Brasileira de Programação em Autoconhecimento e Comunicação).

Mergulhei na formação vasculhando emoções e crenças, limites e possibilidades, mobilizando recursos potenciais adormecidos que me fizeram ultrapassar aquela muralha de insegurança e medo. O *status* de aposentada me veio em março de 2009, num contexto em que o fenômeno da aposentadoria ganhou um significado de prêmio, quando fui capaz de dizer a mim mesma que esse momento ganha uma dimensão transformadora a partir do sentimento do dever cumprido e da liberdade de construir novas rotas e novos caminhos, novos aprendizados e novos espaços de crescimento. Consegui compreender que somos, individualmente, nosso maior empreendimento, nossa maior empresa. A solidez dessa afirmativa pode ser encontrada no discurso que ouvi de um ilustre palestrante, o ex--ministro Ayres Britto, do STF (Superior Tribunal Federal), por ocasião da

XXIV Convenção da Associação Nacional dos Auditores Fiscais da Receita Federal do Brasil, ao referir-se à competição selvagem do mundo pós-moderno: "Ninguém precisa ser o primeiro, porque cada um é número único". Na verdade, somos singulares, e é nesse particular que está a grandeza e a gama infinita de possibilidades que definirão nosso lugar no mundo, qualquer que seja o momento existencial.

A prática contínua da PNL no âmbito de consultoria, com a aplicação do seu instrumental técnico e metodológico, bem como o acesso a conteúdos literários de aprofundamento, levou-me à compreensão de que sua ação interventiva oferece uma leitura de unidade, de integração e de totalidade em relação ao ser e à vida, pois a compreensão do universo e da natureza humana guarda aqui uma lógica abrangente, inclusiva e ilimitada. Ilimitada à vista do mecanismo que projeta o sujeito para além de si mesmo, com todas as vicissitudes e com todas as alegrias que fazem parte do caminho e que vão tecendo a sua história rumo à inteireza singular, como necessidade visceral do ser. E a essa completude se chama sucesso.

## Programação Neurolinguística: conceito, breve retrospectiva e seus fundamentos sistêmicos

Para usar uma metáfora, todos nascemos com o software da excelência; o que diferencia as pessoas em relação aos níveis de desempenho em todas as áreas é a capacidade de acessar os diferentes programas e abrir todas as janelas que levam ao ponto em que cada um quer chegar.

O espaço dessas diferenças e habilidades individuais foi o terreno fértil em que floresceram as pesquisas de John Grinder e Richard Bandler, dando origem à Programação Neurolinguística, que vem nos mostrar um modelo de como as pessoas estruturam sua experiência pessoal.

A ideia da experiência pessoal nos faz recorrer a Roesler (2014, p.46), ao nos lembrar que o filósofo Jean-Paul Sartre aponta o "projeto" como algo que sempre nos move e permeia nossa relação com o mundo. Referindo-se ao pensamento de Sartre, Gary Cox (2011, p. 186) assim se coloca: "As pessoas, ele argumenta, são responsáveis por satisfazer as expectativas que resultam de suas circunstâncias sociais e históricas...". Isso nos remete à necessidade visceral de superação contínua do indivíduo, em busca do ser que ainda não é, e que poderá construir a partir de sua própria atuação no mundo, configurando-se aí a noção de desenvolvimento, inerente ao ser humano.

Em se tratando de desenvolvimento humano, a Programação Neurolinguística caracteriza-se como prática mediadora nesse campo, comportando citar aqui Epelman (2005, p.11), que fornece dados para compreendermos a dinâmica dessa ferramenta em expansão no mundo contemporâneo:

> A Programação Neurolinguística - PNL - é uma ciência que estuda o funcionamento do cérebro humano desde o momento em que ele capta as informações, e, finalmente, a maneira como estas informações interferem nos comportamentos, na capacidade, nas crenças, nos valores, na identidade e nos relacionamentos com outras pessoas, com o meio ambiente e com o que está acima de nós e que cada um chama de um jeito: Deus, Cosmos, Universo, Unidade, Eu Superior etc.

Na amplitude deste conceito, Epelman nos presenteia com o trajeto neurológico – ambiente, comportamentos, capacidades, crenças, valores, identidade e postura espiritual – a partir do qual se potencializarão as possibilidades do sujeito, tendo como pano de fundo as contribuições trazidas de diversas áreas do conhecimento científico, que se integram e se comunicam na composição teórica e metodológica dessa rica ferramenta.

A PNL teve origem na década de 1970, quando Richard Bandler e John Grinder decidiram estudar os padrões de linguagem e comportamentos utilizados por pessoas com desempenho excepcional. Daí se criaram trilhas pelas quais podemos treinar nosso cérebro de modo a potencializar resultados e atingir metas.

Assentando-se em pilares da concepção sistêmica, a PNL conta com as contribuições de Robert Dilts ("cocriador"), Todd Epstein, Judith DeLozier, Steve Andreas, Milton Erikson, Gregory Bateson, Edmund Husserl e outros, cujas pesquisas emprestaram mais elementos e substrato científico a essa prática interventiva.

A visão sistêmica da realidade, herança do século passado, quando a concepção de mundo então vigente não mais atendia às demandas de uma sociedade em transformação, tem por parâmetro os conceitos da Física contemporânea, em contraposição à visão mecanicista da Física clássica, que concebia o universo como uma supermáquina composta por objetos isolados, funcionando numa lógica de linearidade determinista de causa e efeito. Na nova perspectiva, o sentido de unidade e complementaridade supera a dualidade e a segmentação, numa visão global que integra o ser humano ao universo.

O caráter integrativo desse modelo de percepção da realidade é traduzido por Eva Madelung, citada por Marianne Franke-Gricksch (2009, p. 86):

> A abordagem sistêmica foca principalmente no contexto relacional um poder ou um fluído que atua entre as pessoas, quer isso seja ou não expresso pela comunicação verbal ou não-verbal. No núcleo do acontecimento se encontra o efeito recíproco: seja entre órgãos ou membros do corpo, partes de personalidade ou membros de uma família, uma tribo, um povo ou povos entre si. Cada pessoa está numa relação recíproca de modos múltiplos com seu meio ambiente [...].

O eixo epistemológico que fundamenta a prática da Programação Neurolinguística repousa nesta nova concepção, qualquer que seja o alvo da intervenção – indivíduos, grupos ou unidades corporativas - pois a dinâmica dessa abordagem se dá para além dos métodos racionais e analíticos, integrando conceitos compatíveis com os paradigmas da física quântica. A abordagem quântica da ciência contemporânea considera o ser humano na sua inteireza, não mais sendo visto como limitado aos cinco sentidos e ao uso apenas do raciocínio analítico, numa visão de separatividade. Nessa nova postura, são levadas em conta todas as capacidades e potencialidades não-físicas – raciocínio intuitivo, sensibilidade, sentimentos, determinação do sujeito, como lembra Arora (2007, p. 8).

Para falar de potencialidades não físicas é imperativo que revisitemos o pensamento do psicanalista suíço Carl Jung (CAPRA, 1997, p.178), que, já no início do século XX, discordando de Freud, cujas postulações guardavam uma concepção determinista e fragmentada da realidade, foi o primeiro a abandonar os modelos newtoneanos da psicanálise, desenvolvendo inúmeros conceitos que já apontam para a nova visão. Para exemplificar, enquanto para Freud o inconsciente era de natureza predominantemente pessoal, seu discípulo distingue duas esferas na psique inconsciente: um inconsciente pessoal, inerente ao indivíduo, e um inconsciente suprapessoal ou coletivo, representando o estrato mais profundo da psique, comum a todos os seres humanos.

Em Jung, o inconsciente não seria apenas um repositório de traumas e repressões, como defendeu Freud, mas também representa uma fonte de energia que mobiliza e lança as pessoas para a dinâmica da vida e para a criatividade, gerando diferentes formas de pensar e atuar no mundo, a despeito de padrões e crenças rígidas, ideia outrora predominante.

Os conceitos até aqui referidos são flagrantemente compatíveis com a abordagem da PNL, o que mostraremos a seguir com o resgate de elementos da prática, cujos modos operatórios poderão nos conduzir a relacionamentos mais satisfatórios, à otimização de nossas capacidades, ao atingimento de metas e ao desenvolvimento pessoal.

## Superando desafios

A PNL tem como produto final o despertar de novas habilidades, aprimorando-se as que já existem, possibilitando mudanças no sistema de crenças significativas, bem como avanços na capacidade de comunicação intrapessoal e interpessoal e no repertório de comportamentos como um todo, sempre considerando que a fisiologia, a representação interna e a linguagem são indissociáveis e interdependentes. Qualquer alteração em um desses elementos provoca alteração nos demais.

Qualquer que seja a estratégia de intervenção, qualquer que seja a dinâmica aplicada, a mudança ocorrerá a partir desses três elementos, onde a fisiologia corresponde às respostas físicas que se traduzem na linguagem corporal, refletindo determinado estado interno. A representação interna diz respeito à forma como percebemos o mundo, à leitura que fazemos de determinada situação. Finalmente, a linguagem é o veículo de expressão dessas percepções em dado contexto, que se manifesta na oralidade, na fisiologia e/ou em comportamentos específicos.

Feitas essas considerações sobre a "trilogia da mente" (DILTS *apud* EPELMAN, 2008, p. 1), entende-se que aqui se configura a conexão entre mente e corpo, sendo o espaço da consultoria revelador dessa estreita relação, flagrantemente observável na ação interventiva, quando experiências positivas levam o cliente a projetar o corpo de forma vigorosa, enquanto vivências negativas geram posturas frágeis.

Ao aplicar as mais variadas técnicas de intervenção, observa-se que aí se revelam conexões mais amplas, como aquelas que emergem na instalação de comportamentos, na modelagem e no alinhamento de níveis neurológicos, por exemplo, das quais trataremos a seguir, por onde resvalam elementos identificadores da visão sistêmica.

Para vitalizar a teoria, pode-se aqui trazer o caso de uma mulher que, há meses, fazia-se a promessa de praticar atividade física regular, sem jamais conseguir levar adiante o seu projeto. Sentia necessidade de controlar o peso, superar as dores articulares e o cansaço rotineiro, mas qualquer demanda lhe servia de desculpa para desistir de "cuidar melhor da saúde", segundo suas palavras.

Robert Dilts (*apud* EPELMAN, 2010, p. 67) denomina Hierarquia de Critérios a técnica que possibilita a realização de um comportamento desejado, onde se trabalham quatro níveis neurológicos, como se observa a seguir:

| 4 | 3 | 2 | 1 |
|---|---|---|---|
| **Local nº 4** IDENTIDADE | **Local nº 3** CRENÇA | **Local nº 2** CAPACIDADE | **Local nº 1** COMPORTAMENTO |
| Critério maior | O que impede? | Critério motivador do comportamento | Comportamento desejado, mas não realizado |

Nessa dinâmica, o cliente é levado a percorrer o caminho que se inicia no comportamento, deslocando-se em direção à capacidade, passando pelos fatores impeditivos, chegando ao espaço da identidade, que expressa um critério maior, ligado à missão do sujeito e que necessariamente alcança pessoas a quem se liga por vínculos afetivos, mobilizando seu interesse, influenciando suas escolhas e decisões. Para finalizar a técnica, o cliente, agora em estado ampliado de consciência, retorna ao espaço do comportamento para ali vivenciar o critério mais elevado, cuja amplitude certamente trará consequências para suas relações vinculares, daí emergindo o caráter sistêmico.

É pertinente referir, também, o caso da estudante que se sentia bloqueada na produção do seu trabalho de mestrado, embora tivesse clareza quanto à temática a ser abordada. Na ação interventiva, foi conduzida à modelagem de um famoso personagem da literatura, à sua escolha, ao final se dizendo instrumentalizada para a tarefa.

Neste ponto, comporta recorrer a Robert Dilts (*apud* EPELMAN, p. 69) para maior compreensão do procedimento:

O propósito da Modelagem é criar um mapa pragmático ou "modelo" de algum fenômeno em particular que possa ser reproduzido por qualquer um que esteja motivado a fazê-lo. O objetivo do processo de modelagem é identificar os elementos essenciais do pensamento e comportamentos necessários para produzir o objetivo ou a resposta desejada. Oposto à identificação de dados puramente estatísticos, um modelo deve fornecer uma descrição do que é necessário e suficiente para realmente atingir um objetivo.

O mesmo autor aponta três perspectivas básicas em modelagem:

| 1ª Posição | 2ª Posição | 3ª Posição |
|---|---|---|
| **Ponto de Vista Próprio** | **Ponto de Vista do Outro** | **Observador Externo** |

A metodologia utilizada nesse processo pode ocorrer de duas formas, uma que se chama Modelagem Explícita, em terceira posição, a partir da descrição da estrutura da experiência da pessoa a ser modelada. A outra, denominada Modelagem Implícita, ocupando-se a 2ª posição com aquele que será modelado, a partir da construção de intuições pessoais quanto à experiência subjetiva da pessoa.

A aquisição de novas habilidades a partir da captação da experiência do outro remete-nos aos achados do cientista inglês Rupert Sheldrake, que nos fala da ressonância mórfica, fenômeno que demonstra que estamos ligados no mesmo centro de comunicação. Em citação de Marusa Gonçalves (2013, p. 88) encontra-se o pensamento desse estudioso:

> [...] vivemos permanentemente em campos eletromagnéticos, de natureza diferente, estão subjacentes ao funcionamento do nosso cérebro e do nosso organismo e a nossa volta há inúmeros padrões de atividades vibratórias que escapam aos nossos sentidos [...].

Mais adiante, ainda citando Sheldrake, a autora pontua que esses campos "representam uma espécie de memória coletiva da espécie" (2013, p. 89). Daí se infere que as habilidades possíveis a um representante da espécie serão possíveis aos demais, ideia que se faz presente entre os pressupostos da PNL, conforme EPELMAN (2005, p. 54): "SE É POSSÍVEL PARA O MUNDO, É POSSÍVEL PARA MIM".

No terceiro caso a ser aqui referido, um estudante que acabara de ingressar em um curso preparatório para concursos trouxe como queixa o fato de sentir-se desorganizado e com dificuldades em relação ao conteúdo disponibilizado em sala de aula, sendo-lhe aplicada a dinâmica do Alinhamento de Níveis Neurológicos, proposta por Dilts.

Aqui se distribuem âncoras (instrumentos utilizados como representação das unidades sob intervenção) que representam cada um dos seis níveis (Ambiente, Comportamento, Capacidades, Crenças, Identidade, Espiritual). Atendendo a comandos específicos, o cliente se desloca na sequência em que estão dispostas as âncoras, até chegar ao nível espiritual, hierarquicamente superior aos demais. Esse nível traduz a visão do sujeito para além de si mesmo, a partir da consciência de que faz parte de um sistema maior onde se incluem a família, os grupos de que faz parte, a comunidade e o sistema global. Em estado ampliado de consciência, vai retornando aos espaços anteriores, levando o conjunto das sensações e sentimentos então ancorados com um leve toque físico, feito pelo programador, a fim de provocar as mudanças necessárias ao alcance do estado desejado. Aqui, a noção de pertencimento e conexão com algo para além do sujeito permeia o processo e lhe dá sustentação.

A identificação de elementos essenciais da visão sistêmica no corpo técnico, teórico e metodológico da PNL comportaria vasta obra, aqui somente tendo sido possível apontar alguns indicativos que nos levam à compreensão dessa revolucionária ferramenta na otimização de metas e no desenvolvimento humano, cuja ação interventiva se alinha com a visão sistêmica.

## Considerações finais

O fazer profissional em qualquer área do conhecimento sempre contém uma práxis peculiar que reflete as concepções de homem e de mundo que lhe dão suporte.

Um breve retorno no tempo vem mostrar que a grande efervescência nos anos 60 e 70 teve como característica o fundamental despertar de uma nova visão, anunciando uma inevitável mudança em todas as áreas da vida humana. Dentre os mais relevantes aspectos dessa mudança, destaca-se, no contexto científico e acadêmico, a denominada "mudança de paradigmas", com significativos efeitos no conjunto de nossa cultura. A esse respeito, afirma CAPRA (1997, p. 259):

> A nova visão da realidade, de que vimos falando, baseia-se na consciência do estado de interrelação e interdependência essencial de todos os fenômenos – físicos, biológicos, psicológicos, sociais e culturais [...]. Não existe, no presente momento, uma estrutura bem estabelecida, conceitual ou institucional, que acomode a formulação do novo paradigma, mas as linhas mestras de tal estrutura já estão sendo formuladas por muitos indivíduos, comunidades e organizações que estão desenvolvendo novas formas de pensamentos e que se estabelecem de acordo com novos princípios.

Tendo como pano de fundo esse novo momento, surge a Programação Neurolinguística como ferramenta de intervenção na busca da excelência e do desenvolvimento humanos.

No presente trabalho foram apresentados alguns relatos da prática interventiva, envolvendo situações limitantes, bloqueios e desafios, impeditivos do bom desempenho do sujeito, sendo paralelamente referido o recurso técnico e metodológico aplicado em cada caso.

A análise dos dados então oferecidos demonstra que as técnicas e os procedimentos investidos na ação interventiva da PNL forjam-lhe um caráter de catalisador de mudanças, em consonância com uma postura sistêmica, de onde emergem elementos essenciais da visão sistêmica, numa perspectiva de unidade, integração e totalidade.

Muitos dizem que nossa existência neste planeta é um aprendizado. Teríamos sido chamados a frequentar uma escola, cujo sentido seria nosso aprimoramento. Aproveitando a analogia, não precisamos ser o primeiro da turma e também não temos de ser nota dez o tempo inteiro. Devemos, sim, buscar a excelência na conjuntura que se nos apresenta, com e apesar das contingências. Essa é a grande lição possível de se extrair, quando somos capazes de vislumbrar a multiplicidade de recursos inteiramente colocados ao nosso dispor, sendo-nos facultada a possibilidade de apropriação desses recursos, no sentido de construir uma existência feliz e próspera.

Para tanto, é necessário que se ampliem os espaços do cérebro emocional que, ao exercer o seu papel, nos dará acesso a comportamentos mais flexíveis e criativos, imprescindíveis à superação de desafios e à concretização de grandes metas.

## REFERÊNCIAS BIBLIOGRÁFICAS

ARORA, Harbans Lal. Terapias Quânticas: cuidando do ser inteiro. Rio de Janeiro: Qualitym, 2007.

BRITTO, Carlos Ayres. Orgulho de ser servidor. In: XXIV Convenção Nacional dos Auditores Fiscais da Receita Federal do Brasil, Brasília, 2014.

CAPRA, Fritjóf. O Ponto de Mutação: a Ciência, a Sociedade e a Cultura emergente. 20ª ed. (trad. Newton Roberval Wechemberg). São Paulo: Cultrix, 1997.

COX, Gary. Compreender Sartre. 3ª ed. Petrópolis: Vozes, 2011.

DILTS, Robert. Curso *Master Practitioner* em PNL. Adaptação, Editoração e Lay Out – PAHC – Deborah Epelman, 2010.

EPELMAN, Deborah. Mude sua Vida com PNL: Programação Neurolinguística. 2ª ed. São Paulo: Premius, 2005.

FRANKE-GRICKSCH, Marianne. Você é um de nós: percepções e soluções sistêmicas para pais, professores e alunos. Trad. Décio Fábio de Oliveira Júnior, Tsuyuko Jinno-Spelter. 2ª ed. Ver. Patos de Minas: Atman, 2009.

GONÇALVES, Marusa Helena da Graça. Constelações Familiares com bonecos e os elos de amor que vinculam aos ancestrais. 22ª ed. Curitiba: Juruá, 2013.

JENSEN, Eric. Enriqueça o cérebro: como maximizar o potencial de aprendizagem de todos os alunos (trad. Vivian Nickel). Porto Alegre: Artemed, 2011.

LELOUP, Jean-Yves. Caminhos da Realização: dos medos do eu ao mergulho no ser (trad. Célia Stuart Quintas, Lise Mary Alves de Lima e Regina Fittipaldi). 7ª ed. Petrópolis: Vozes, 1999.

ROESLER, Vera Regina. Posso me Aposentar "de Verdade". E agora? Contradições e ambiguidades vividas no processo de aposentadoria. Curitiba: Alteridade, 2014.

WEIL, Pierre. A Arte de Viver em Paz: por uma nova consciência, por uma nova educação (trad. Helena Roriz Taveira e Hélio Macedo Silva). São Paulo: Gente, 1993.

**ferramentas de PNL**

# Os pilares de uma boa aula

Armando Moucachen
de Sant'Anna

15

### Armando Moucachen de Sant'Anna
**(Dinho Santana)**

Físico pela Universidade de São Paulo - USP, com licenciatura plena pela faculdade de Educação - USP, *practitioner, master* e *trainer* em Programação Neurolinguística Sistêmica pela PAHC/ NLPU, especialização em Vícios, Compulsões & Identidade pela PAHC, palestrante, ator, dublador e apresentador do quadro Cozinha e Ciência (Dia-Dia – Band).

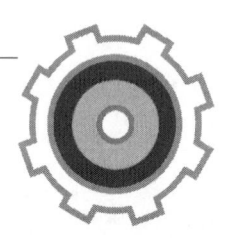

(11) 94716-4113
professorarmando@terra.com.br
www.popstage.com.br

Meu primeiro contato (oficial) com a PNL aconteceu por volta de 2003, logo ao final da minha formação acadêmica. Tinha ouvido que se tratava de uma terapia comportamental breve. Amigos me alertavam que era uma forma superficial de manipulação da mente e seus estragos eram irreversíveis.

Psicólogos e psicanalistas ligados a mim diziam ser uma grande bobagem, afinal, conflitos internos demoram para ser entendidos e suas soluções são estruturadas ao longo de um processo terapêutico demorado. Dessa forma, seria leviano dizer ser possível resolvê-los num curto intervalo de tempo.

Mas a curiosidade venceu o medo e os resultados foram eficazes e duradouros.

Resolvi em algumas sessões o que dez anos de terapia convencional (com psicanalistas) não conseguiu. Foi surpreendente!

Não se tratava somente de "consertar" meus sentimentos e traumas relacionados ao passado, mas também havia mecanismos para melhorar meu futuro.

E pasmem: não fiquei maluco nem fui manipulado a fazer o que não queria!

Pude perceber que eu superestimava meu problema e não me via como agente transformador no meu processo! Descobrir que eu tinha os recursos que precisava dentro de mim foi realmente a maior novidade. Afinal, cresci acreditando que o problema sempre tinha origem externa, que dependia de outras pessoas para que as coisas pudessem ser solucionadas.

Será?

O primeiro passo para o sucesso está em você se perceber como agente atuante da sua história!

Os resultados conquistados foram vários:
* Aumento da velocidade de raciocínio;
* Valorização da autoestima;
* Sono mais tranquilo;
* Tarefas otimizadas.

Se tem algo tão fantástico assim, por que não estudar a fundo essa coisa?

E foi exatamente o que fiz! Dei o próximo passo – a formação em PNL.

Mas eu era um físico! Para entenderem que momento eu vivia, minha vida se dividia em dois segmentos: defesa de tese na faculdade de Educação ligada à Psicanálise (Aspectos cognitivos e afetivos à luz da Psicanálise) e produção de material didático com suporte da Psicologia comportamental (tecnologias educacionais) pelo instituto de Física da USP.

Os pontos em comum dessas duas vertentes ainda é o centro da argumentação da maioria dos profissionais da Educação que coloca o indivíduo como resultado de experiências vivenciadas até o momento e que as mudanças até podem ocorrer, mas se junto vier um controle de impulso.

Por ter como base a Gestalt, a PNL entende o indivíduo formado por várias partes que juntas formam o todo. No entanto, o que acontece se uma das partes sofrer uma alteração? O todo provavelmente se altera. Assim, o indivíduo tem a chance de escolher se quer ou não continuar a agir da mesma forma.

Mas como modificar algo que foi aprendido há muitos anos?

O estudo proposto por Richard Bandler e John Grinder (fundadores da PNL) nos dá uma dica: existem padrões comuns a alguns grupos de indivíduos. Muitos se preocupam apenas com o conteúdo da dúvida, não se importando com a estutura de pensamento que está por trás da dificuldade. Buscar a forma de raciocínio do aluno pode facilitar muito o processo ensino aprendizagem.

Não tenho como incluir aqui o *modus operandi* desse processo, pois não tenho a intenção de formar nenhum especialista com este texto. No entanto, coloco a seguir algumas dicas valiosíssimas para quem gostaria de melhorar suas percepções durante um processo ensino-aprendizagem.

## A PNL e a educação

Ao perguntarmos para alguns amigos quais suas lembranças de Física na escola, várias são as respostas. Principalmente estas:

* "Física? O quê???"
* "O professor falava, falava, e eu não entendia nada"!!
* "Ah, eu sei! É delta "S" sobre delta num sei o que lá, não é? Estava escrito isso! Eu lembro! Eu sabia tudo de cor"!

* "Não gostava porque não entendia"!

Será que você percebe um padrão? Muitos leram isso apenas como frases jogadas, repare que há padrões que nos dão acesso para uma nova possibilidade de ensino. Por exemplo, quando nos deparamos com a afirmação: "Não gosto porque não entendo", fica clara uma ligação entre cognitividade e afetividade. Certo de que o estado emocional do aluno durante o processo parece ser importante, não?

Você é capaz de se recordar de um momento em que você aprendeu algo com prazer e comparar esse resultado com algo que teve de aprender a duras penas? Você obteve o mesmo resultado?

Quais outros padrões percebem nessas frases?

Há professores que deixam essas pistas passarem batido, mas talvez ali esteja a solução para várias problemáticas (desde que esses alunos queiram de fato aprender).

É importante ressaltar que quando entramos em uma sala de aula temos na nossa frente vários indivíduos e uma turma. Por mais óbvio que isso pareça, muitos professores insistem em "dar aula" para uma turma de alunos e se esquecem que à sua frente há diferentes personalidades que pensam e aprendem de diferente modo. Podemos notar isso quando falam: "Minha aula é assim. Se o aluno quiser, ele que se vire para aprender"!

Dessa forma, o professor negligencia sua capacidade de saber ensinar! Afinal, a função de um professor é dar aula ou ensinar? Está disposto mesmo a melhorar seu rendimento?

Porque não há nada mais desanimador para um professor do que notar que seus alunos não estão gostando da sua aula, tampouco tendo resultados satisfatórios.

Como mudar isso? Dentre várias ferramentas da PNL, três me chamam muito a atenção: *rapport*, modelo Milton e Canais de Comunicação.

## Rapport

*Rapport* é um conceito da PNL que muito nos auxilia na comunicação com o outro. O *rapport* possibilita a confiança de que aquele professor sabe mesmo do que está falando, de que ele entende os anseios daquele grupo de pessoas. Quanto maior o *rapport*, mais rápida a resposta da audiência. É quando observamos em uma sala de aula uma harmonia (alguns dizem que "a aula flui").

Percebemos isso quando:

* Alunos respiram no mesmo ritmo da fala do professor;
* Há reações simultâneas diante de algum evento;
* Balançam a cabeça junto com o movimento do professor etc.

A velocidade com que o *rapport* é estabelecido varia de acordo com a capacidade do profissional. Mas o fato é que, quanto maior a facilidade que o professor tem em gerar *rapport*, mais "simpático" e "admirável" ele vai lhe parecer.

Já se viu em uma situação em que um professor busca ministrar uma aula e os alunos ficam conversando demais? O professor fica gesticulando lá na frente, pedindo silêncio e nada adianta? Eis uma situação típica de não *rapport*.

O que fazer então?

Aqui vai uma dica sobre como gerar *rapport* em uma situação indesejável e transformar aquilo em algo muito favorável.

Para todos os casos é imprescindível que se perceba o comportamento do grupo e busque, a princípio, demonstrar interesse pelo assunto deles, acompanhar a velocidade da respiração desse grupo, utilizar o vocabulário específico como se aquela fosse a sua realidade. Lembre-se de que é o professor. Aos poucos, vai voltando a ser a pessoa madura da sala. O grupo vai te acompanhar! Com treino acabará fazendo isso de forma cada vez mais rápida.

Importante: faça isso, claro, de maneira sutil. Do contrário, o *rapport* é quebrado.

**EXEMPLO 1 – Uma sala quieta (geralmente primeira aula):**

Entre com calma, perceba os alunos. Veja o rosto deles. Sinta a sala! Escute os murmúrios!

**Dica 1:**

* Sorria! O sorriso é um bom cartão de visitas.
* Lembre-se de que eles estão lá e sabem que você é o professor.

* Não há tempo hábil para tecerem algum comentário sobre você ainda. Então, tudo o que fizer naquele momento será para eles o conteúdo geral que pode descrever bem você. ("A primeira impressão é a que fica", já ouviu falar?)

* Dê bom dia, boa tarde, boa noite e se apresente.

* Enquanto busca respirar na velocidade em que eles estão, diga como foi seu primeiro dia de aula (importante) quando tinha a idade deles e teve de conhecer um professor novo. Nesse momento acabará criando um primeiro vínculo.

Quando falar de algo que tenha a ver com o íntimo de seu aluno, você perceberá que aos poucos eles vão sorrindo, se soltando e em pouco tempo estarão conversando com você com a incrível sensação de que te conhecem há muito tempo. Como saber se isso é *rapport*? Porque o *rapport* é simultâneo! Você terá a mesma sensação também. Pronto! Você já ganhou a sala!

Para que consigamos a confiança de alguém devemos demonstrar um interesse real! Lembre-se de que a confiança é um conceito abstrato e subjetivo.

O *rapport* é a peça-chave para qualquer relacionamento e é definido como "uma compreensão mútua e harmoniosa do outro, gerando a confiança" (Robert Dilts).

## Modelo Milton

Quantos de nós percebemos alguns alunos resistentes ao processo em sala de aula? Isso pode ocorrer tanto no sentido "cognitivo" quanto no sentido comportamental. A origem dessa resistência em si, para a PNL, não é tão relevante assim.

Provavelmente, já deve ter ouvido algum professor reclamar: "Aquele aluno, não dá! Ele não aprende"!

Pois bem. Isso foi verdade inclusive para várias linhas da Psicologia e Medicina tempos atrás. Para Milton Erickson, grande parte da resistência do paciente ocorria devido a uma falta de habilidade linguística do terapeuta. A PNL incorpora tal aprendizado percebendo como "não há cliente resistente. Há terapeuta pouco flexível" (Dilts, R. Pressupostos – 1993). Dessa forma, Milton Erickson desenvolve uma linguagem específica de acolhimento, primeiramente ao problema do paciente e buscando entendê-lo de fato, traz o paciente para junto dele, que em *rapport* consegue entender a forma com que ele cria suas estratégias e pode com isso ajudar de uma forma muito mais eficiente.

Devemos entender então que, quando um aluno expõe uma dúvida, ao invés de criticá-lo (vale lembrar que nosso corpo fala! Fazer caretas pode não ter sido algo verbal, mas disse muito sobre o que pensa) busque entender a linha de raciocínio. Evite desprezar o ponto de vista desse aluno. O erro faz parte do aprendizado. Faça perguntas que o levem a refletir sobre o que está dizendo. Descubra o ponto central da dúvida e pergunte:

* Como especificamente isso (ponto do aluno) poderia ocorrer?
* Se acontecesse (ponto do aluno), no que isso resultaria?
* Como podemos ligar (ponto do aluno) essa dúvida à parte que você estava entendendo? Faz sentido pensarmos assim?

O que queremos com essas respostas é esboçar um pouco da estratégia de pensamento do aluno. Assim, fica mais fácil a elaboração de uma resposta apropriada para ele.

### Canais de comunicação

Já ouviu pessoas dizerem frases do tipo:

* "Sinta essa música"!
* "Olha esse cheiro"!
* "Faça uma voz mais azul"!
* "Consigo até ouvir o barulho nessa foto"!

Parece estranho ou familiar?

É interessante perceber quantas formas diferentes há de interpretar a realidade. O que Bandler e Grinder perceberam é que os padrões de linguagem nos dão indícios importantes de como cada pessoa entende o mundo (naquele momento). Descobrindo qual canal está mais evidente e nos comunicando utilizando o mesmo canal os resultados serão surpreendentemente mais satisfatórios.

Vamos resumir da seguinte forma os canais de comunicação:

* **Visual** (interpretações por meio de imagens)

* **Auditivo** (interpretações por meio de sons)
* **Auditivo digital** (diálogo interno muito forte)
* **Cinestésico** (percepção do mundo por meio de sensações e emoções)

Para se ter uma ideia de como isso é relevante no ensino, a maioria dos alunos visuais, que tem problemas na interpretação do enunciado, não os tem pela falta de compreensão do texto, mas provavelmente pela dificuldade em imaginar o que está descrito.

E isso acontece nos outros canais também.

Seguem algumas palavras específicas utilizadas pelos padrões:

* **Visual**: olhem, vejam, notem, foquem aqui, tá claro, deu branco, bonito, feio etc...
* **Auditivo**: escutem, ouçam, "ei", "psiu", fiquem quietos, aos berros, gritem, agudo, grave etc...
* **Cinestésicos**: sintam que, toquem, apertado, confortável, quente, frio, escaldante, pânico, medo etc...

Como proceder então se estamos diante de uma sala heterogênea? Milton Erikson mostra que existem palavras tidas como coringas (inespecíficas) que fazem sentido a todos os canais de comunicação e podem ser uma chave interessante no processo. Palavras como: percebam, entendam, como seria se, atentem-se ao fato de, são bons exemplos.

Importante lembrar que grande parte de nós possui todos os canais de comunicação e entende o mundo dessa forma. O fato de estarmos num certo momento mais visual não exclui a importância de outros canais. Assim, saber o canal predominante não significa que estamos limitados a nos comunicar apenas em um canal, apenas dar mais atenção. Lembre-se disso.

Do contrário, grande parte do conteúdo fica perdido.

Para a PNL, as perdas podem ocorrer em níveis de generalização, distorção e omissão.

Mais dicas úteis para sua aula ficar ainda mais incrível:

**VISUAL**

* Busque fazer uma lousa limpa e organizada;
* Letras legíveis e coloridas;
* Se for escrever o conteúdo, utilize uma cor neutra (giz branco pra lousa

verde ou caneta preta ou azul pra lousa branca);

* Deixe as respostas sempre padronizadas. Por exemplo, separe um giz de cor diferente do restante e de destaque para contornar a resposta final;

* Como a maioria das pessoas busca as memórias visuais olhando para cima e para a esquerda, escreva as principais fórmulas ou informações no canto esquerdo superior do quadro.

### AUDITIVO

A linguagem auditiva é aquela percebida pelos sons do ambiente. Por esse motivo, o silêncio, ou a organização na vez de cada aluno participar e alterar o tom da voz durante uma explicação se faz essencial. A forma como nos comunicamos é mais importante do que o conteúdo a ser comunicado. Já ouviu alguém comentar que a aula é monótona? Seu significado é: mesmo tom, algo que não varia o tom.

Isso faz sentido pra você? Quantas vezes o aluno perdeu o interesse na aula por nossa falta de atenção a esse ponto?

Outro ponto importante, caso lhe interesse: musicalizar uma informação pode ser bastante eficiente!

### AUDITIVO DIGITAL OU DIÁLOGO INTERNO

Uma das formas eficientes de memorização passa pela etapa da cópia. Enquanto copiamos, falamos mentalmente o que enxergamos. Outra dica é fazer o aluno falar! Ao repetir o conteúdo em voz alta ou perguntando, refletindo e expondo seu ponto, o aluno estará passando ao cérebro um comando de que isso é importante!

### CINESTÉSICO

Para uma comunicação em que o conjunto de sensações é o canal mais evidente, se faz interessante, durante a explicação do tema, colocar o aluno na história como se ele estivesse vivenciando e sentindo de fato o que está sendo exposto.

Faça-o experimentar! As aulas de laboratório são boas para isso.

Você pode dizer que num sistema não conservativo, quando um corpo se movimenta em uma superfície com atrito, parte da energia se dissipa. Assim há a transformação de energia mecânica em energia térmica. Para um aluno cinestésico, tal explicação será muito melhor entendida se pedir para que friccione as mãos com força e dizer o que percebe. Ele responderá tranquilamente que ficou quente. Ao ser indagado de onde surgiu o calor, é provável que diga que foi da fricção e concluirá que parte da energia mecânica foi transformada em calor, ou seja, o conceito foi internalizado com sucesso.

Mas você se importa em dar uma boa aula. Para isso, prepara a aula, busca fazer os melhores esquemas e resumos, escolhe bem os exercícios, mas algo não vai bem com você ou seu aluno não está tendo um desempenho favorável. O que fazer? Grande parte do segredo dos professores de sucesso passeia pelo ramo das emoções! Mais importante que o conteúdo da informação é a maneira como ela é transmitida! Da mesma maneira que gostamos de ser valorizados pelo nosso trabalho, o aluno que recebe do professor um incentivo e um elogio, quando necessário, tende a ter um desempenho surpreendente.

Agora que teve acesso a essas informações, responda:

* Como será sua próxima aula?
* Perceber e saber usar os canais de comunicação fará diferença em sua performance em aula?
* De posse de todos esses recursos que aprendeu aqui, perceba-se na sua próxima aula. O que você vê? Como está sua lousa? Como os alunos estão sentados? Parecem-lhe mais atentos?
* O que eles falariam desse novo professor dotado desses recursos? Como está sua aula? Em um único tom ou está mais interessante?
* O que você pensa a seu respeito?
* Que sensação lhe vem quando de verdade se imagina fazendo aquilo que faz? Pode ser que esteja mais prazeroso?

Permita-se sentir os efeitos dessa mudança!
Experimente! Vá em frente!

# ferramentas de PNL

# O que é que te impede?

Maria de Jesus A. de S. Vale

16

### Maria de Jesus Almeida de Sousa Vale

Formação acadêmica em Ciências Contábeis – Centro de Ensino Superior do Vale do Parnaíba.
*Master practitioner* em Programação Neurolinguística – PAHC – Programação em Autoconhecimento e Comunicação.
*Professional coach* – SLAC – Sociedade Latino Americana de Coaching.
Exerceu a profissão de contadora de 1999 a 2008.
Atualmente é empresária franqueada Cacau Show.

(86) 9482-1712 / (86) 3303-1891
jesusalmeida2005@hotmail.com

**ferramentas de PNL**

Sabe aquele momento em que não temos escolha, temos que decidir? Pois é! Agosto de 2008, eu, Maria, contadora, casada, mãe de um casal de filhos, emprego razoável, salário idem, tempo escasso, nenhuma qualidade de vida. Mas eu achava que era feliz! Até que...

Terça-feira, 26 de agosto de 2008, meu aniversário, o despertador "grita" às 5h30, rápido aconchego da família e... está dada a largada! Banho cronometrado, café?! Nem pensar! O *stress* já havia me ensinado que nem sempre é possível comer. Crianças banhadas, alimentadas, "embaladas pra viagem". Trânsito. Filhos entregues à escola. Ao trabalho. E vamos correr... quem trabalha com contabilidade sabe o quanto o tempo pode ser nosso inimigo, e nesse dia, especialmente, ele tinha um poderoso aliado, meu aniversário.

O telefone não parava de tocar, a cada telefonema, cheio de boas intenções e desejo de felicidade, a minha angústia pelos "minutos contábeis" desperdiçados. Eu tinha um prazo a cumprir e violei um "Tratado de Família", quebrei a tradição do almoço de aniversário com marido e filhos, ficamos de sair juntos à noite. Almocei bomba com refrigerante diante da tela do computador, e nessa hora pensei: "Não tenho mais idade pra esse tipo de refeição... alguém tem?" Teve festa surpresa no trabalho, bolo, refrigerante, menos tempo, mais angústia. Mas eu consegui concluir o trabalho, cumpri o prazo. 23h. Cheguei em casa, meus filhos, então com oito e dez anos, já dormiam e o *stress*, que já não me permitia comer como antes, nessa noite não me permitiu dormir... não saímos para celebrar minha nova idade.

No domingo seguinte na casa de minha mãe a família inteira me alertava para a vida que eu estava levando e conversando com minha irmã, Dorinha, sobre a (im)possibilidade de deixar o emprego ela me perguntou:

**– O que é que te impede?**

Essa pergunta ecoou dentro de mim. Era como se, num ambiente escuro, várias luzes começassem a piscar, acender e apagar, e, desafiada a encontrar a resposta, mergulhei na busca que essa pergunta me provocou.

**Nada me impedia. Eu já não via limites, somente possibilidades. Permanecer onde estava era, apenas, uma delas.**

Descobri que podia sair, sim, e ponderei ganhos e perdas dessa escolha. Podia também ficar, mas percebi que me sentia mais confortável diante da outra possibilidade.

10 de setembro. Pedi demissão. Deixei alguns amigos preocupados... Oito anos no mesmo lugar, fazendo a mesma coisa, convivendo com as mesmas pessoas... havia por parte deles o receio de meu arrependimento. Saí leve, muito leve. Nessa noite ouvi uma de minhas irmãs dizer: "Nunca vi a família de um desempregado ficar tão feliz".

Uma semana depois tive coroada a minha decisão através da fala de meu filho: "MÃE, EU NÃO SABIA QUE VOCÊ ERA TÃO LEGAL! EU PENSAVA QUE VOCÊ ERA UMA VELHA RABUGENTA E MEDÍOCRE".

No mesmo setembro, a PAHC realizou em Teresina um curso de introdução à PNL e minha irmã me convidou a participar. Foi só o começo.

Hoje, *master practitioner*, conhecendo e reconhecendo o poder transformador da Neurolinguística, quando percebo padrões limitantes, provoco as pessoas com perguntas que as desafiam a encontrar suas respostas. Já ouvi muito: "Gostei de seus conselhos". Mas que conselhos? Eu não disse nada... só perguntei!

## Metamodelo de Linguagem – eficaz na investigação, efetivo na intervenção

Resumo: O metamodelo de linguagem, se não o primeiro fruto, é a própria semente da Programação Neurolinguística (PNL). Na década de 70, Bandler e Grinder, interessados no funcionamento do cérebro humano, uniram-se para desenvolver e sintetizar uma forma de intervenção terapêutica capaz de esclarecer o modelo de mundo verbalizado pelo sujeito e trazer à sua consciência todas as escolhas disponíveis.

### 1. Breve histórico

Bandler, matemático, pós-graduado em Psicologia, especializado em Computação, buscava fundamentos para sua ideia de que o cérebro humano funcionava como um computador.

Grinder, graduado em Linguística, especialista em sintaxe e na teoria da Gramática Transformacional de Noam Chomsky, pesquisava a linguagem, em especial a semântica, em busca da compreensão da "gramática oculta do pensamento em ação". Para ele, o cérebro humano funcionava, como um computador, respondendo a estímulos a partir de uma programação preestabelecida.

Diante da semelhança de interesses, compreender os mecanismos de funcionamento da mente humana, Bandler e Grinder aliaram seus conhecimentos e, observando que alguns terapeutas eram mais efetivos em seu trabalho que outros, decidiram pesquisar e sintetizar de forma prática e útil o que faziam esses terapeutas para conduzir pessoas de forma rápida e efetiva a padrões de excelência nunca antes experimentados. Assim, lançaram-se ao trabalho de "imaginar o que fazem intuitivamente os terapeutas eficientes, elaborando algumas regras que possam ser ensinadas a outrem" (BANDLER e GRINDER, 1982, pág. 23).

Inspirados na prática terapêutica de Virgínia Satir, Milton Erickson e Fritz Perls e fundamentados em seus conhecimentos de Linguística, Psicologia e computação, mapearam e indicaram um caminho a ser seguido, um padrão de comunicação que leva à compreensão "metalinguística", aquela que está além da linguagem falada.

## 2. Contribuição da gramática transformacional

Da gramática transformacional de Noam Chomsky, Bandler e Grinder entenderam útil para seu estudo os conceitos de estrutura superficial e estrutura profunda. A estrutura superficial nos oferece a percepção da estrutura frasal, sua descrição linguística, enquanto a estrutura profunda caracteriza o aspecto semântico, pensamentos e ideias.

A estrutura superficial é aquilo que se nos apresenta após uma série de transformações, de filtros, de "cortes"; é a estrutura profunda transformada, compilada, reduzida, fragmentada.

Segundo Bandler e Grinder, essas transformações/filtros alteram a representação da realidade como experimentada pelo sujeito, ou seja, o que ele verbaliza não corresponde objetivamente à realidade, mas a sua realidade subjetiva.

## 3. Compreendendo o filtro

Bandler e Grinder defendem que o filtro acontece a partir de restrições neurológicas, sociais e individuais.

As restrições neurológicas ocorrem de forma inconsciente. Como mecanismos de proteção da mente humana, não são conscientemente percebidos, embora sejam armazenados, todos os estímulos recebidos diariamente.

As restrições sociais são aquelas oriundas do meio em que se vive, as regras de um sistema social.

As restrições individuais são as representações que se tem do mundo a partir da própria experiência pessoal única.

> "Há uma diferença inconstestável entre a realidade (realidade objetiva) e a experiência de realidade (realidade subjetiva). Cada um de nós cria uma representação do mundo em que vivemos (mapa) e temos comportamento mediante esse modelo.
>
> (...)
>
> Não existem duas pessoas que criem a mesma representação das experiências." (EPELMAN, 2009,pág. 24,25).

A partir de suas experiências e restrições, cada pessoa constrói o seu modelo de mundo, e quando esse modelo é verbalizado ele traz apenas sua estrutura superficial; o que é trazido à descrição linguística passa por transformação, o que se representa através da linguagem é um modelo filtrado, submetido a **eliminações, generalizações e distorções** – úteis ou não. Foi nesse ponto que Bandler e Grinder perceberam necessária a "estrutura da magia"[1] – um modelo terapêutico que proporcione ao sujeito o (re)conhecimento de seu mundo de forma objetiva e rica em possibilidades – o metamodelo de linguagem.

### 4. O metamodelo

> "Os limites de minha linguagem significam os limites de meu mundo". (WITTGENSTEIN, Ludwig. Tratado lógico-filosófico. São Paulo: Edusp, 1994. P. 245).

O metamodelo de linguagem é um padrão de comunicação que permite reconectar a estrutura superficial à profunda, preenchendo lacunas que abrigam os limites do sujeito.

A comunicação é a mais poderosa ferramenta da PNL; quanto mais eficaz for a comunicação em uma intervenção, mais efetivo será o resultado.

No processo de transformação da estrutura profunda para a estrutura superficial ocorre perda de conteúdo objetivo por meio de eliminações, generalizações e distorções; através do metamodelo de linguagem de Bandler e Grinder é possível perceber qual desses padrões se apresenta e desafiar o modelo apresentado, expandindo a percepção do sujeito, como também suas possibilidades.

## 5. Padrões limitantes, como desafiar

Uma vez identificado, assim, um padrão de linguagem que empobrece modelos de comportamento, foi apresentado um padrão de questionamentos que desafiam o sujeito a ampliar sua percepção de mundo.

### 5.1 Eliminações

As eliminações ocorrem quando alguma informação significativa é omitida. Esse modelo pode ser reconhecido em alguns padrões:

#### 5.1.1 Deleções simples

"Sinto-me incapaz em relação a isso."

O sujeito apresenta uma linguagem que não dará ao terapeuta a compreensão exata e específica do que ele quer dizer, ressalte-se que nesse padrão de linguagem nem mesmo o sujeito tem a exata compreensão de sua fala, aprisionado que está em suas palavras, acomoda-se em um modelo empobrecido de mundo.

"Incapaz de quê especificamente?"

Ressalte-se que nesse padrão de eliminação é comum que o sujeito traga em seu discurso os pronomes demonstrativos "isto" e "isso".

"Isso foi péssimo."

"O que exatamente foi péssimo?"

O terapeuta deve desafiar o sujeito com perguntas que resgatem as omissões.

#### 5.1.2 Índice referencial não especificado

"As pessoas se sentem injustiçadas."

Esse padrão vem com a omissão do agente, normalmente tem-se uma ação cujo sujeito é desconhecido. Aqui será comum nos depararmos com um sujeito inespecífico.

"Quem se sente injustiçado?"

Identificar o sujeito da ação, esse é o desafio.

### 5.1.3 Verbos não especificados

"Eu ajudei a concluir."

Essa estrutura elimina o processo ocorrido, não esclarece como se desenvolveu a ação.

"Como exatamente você ajudou?"

Buscar o detalhamento da ação para que seja resgatado e reestruturado o processo.

### 5.1.4 Execução perdida

"Você é exigente."

Essa construção frasal se caracteriza por trazer um julgamento, uma opinião pessoal que não menciona seu autor.

"Quem disse que sou exigente?"

"Baseado em quê disse isso?"

O objetivo aqui será identificar o autor do juízo e suas fundamentações.

### 5.1.5 Comparações

"Ele é o mais aplicado."

Nesse modelo a estrutura superficial vai ocultar o parâmetro de comparação.

As comparações podem ser úteis para desafiar e motivar pessoas a se superarem, entretanto, é necessário cautela, pois ela pode ser inapropriada se seu modelo estiver fora da realidade e, por consequência, das possibilidades do sujeito. Muito comum nesse padrão expressões como "melhor", "pior", "mais...", "menos...".

"Mais aplicado que quem?"

"Mais aplicado em quê especificamente?"

As perguntas utilizadas devem possibilitar a identificação e especificação dos parâmetros utilizados na comparação.

## 5.2 Generalizações

As generalizações acontecem quando se reconhece como "regra universal" a representação armazenada no (in)consciente a partir de uma única experiência vivida/registrada pelo sujeito.

### 5.2.1 Universais

"Todo mundo detesta Matemática."

Aqui encontraremos expressões como "todos", "sempre", "nunca".

"Você não conhece ninguém que goste de matemática?"

O importante aqui é mostrar ao sujeito que sua verdade não é absoluta, conduzindo-o a identificar contraexemplos.

### 5.2.2 Operadores Modais

A representação linguística desse padrão de generalização traz afirmações que identificam regras, limites de comportamento.

#### 5.2.2.1 Operadores modais de possibilidade

"Não posso deixar o emprego."

As palavras que caracterizam esse modelo são "posso", "não posso", "consigo", "não consigo", "capaz", "incapaz".

"O que é que te impede?"

"O que aconteceria se você saísse?"

Aqui, cabe ao terapeuta entender o que sustenta a (im)possibilidade do sujeito, conduzindo-o à percepção e avaliação de todas as possibilidades disponíveis.

#### 5.2.2.2 Operadores modais de necessidade

"Tenho que ficar nesse emprego."

As afirmações dessa estrutura trazem um "peso paralisante", parecem coagir o sujeito, deixando-o sem alternativas. Esse modelo é facilmente reconhecido pelas expressões "tenho que", "não tenho que", "devo" e "não devo".

"É realmente necessário ficar?"

"O que aconteceria se você não ficasse nesse emprego?"

Nesse contexto, para ampliar o modelo do sujeito, o terapeuta deverá desafiá-lo questionando a necessidade imposta e avaliar a possibilidade que desconsidera tal necessidade.

### 5.3 Distorções

São interpretações equivocadas da realidade objetiva, distorcidas pelo sujeito em função de suas experiências.

### 5.3.1 Nominalizações

"A angústia tomou conta de mim."

Caracterizada pela presença de substantivos abstratos na estrutura frasal. Importante observar que normalmente o verbo, que expressa ação, é substituído pelo substantivo, deixando o processo estagnado, estabelecendo a estrutura limitante.

"Como você está ficando angustiado?"

O desafio é retomar o verbo, restabelecer o processo para que o sujeito perceba a dinâmica dos fatos, a possibilidade de mudar.

### 5.3.2 Leitura mental

"Ele tem raiva de mim."

Esse padrão faz com que o sujeito presuma o pensamento de seu interlocutor em relação a determinada situação.

"Como você sabe que ele tem raiva de você?"

"Quem disse que ele tem raiva de você?"

Nesse modelo o terapeuta irá questionar o que fundamenta o apontamento do sujeito e checar a fonte da informação trazida por ele.

### 5.3.3 Causa e efeito

"Fico triste quando ouço essa música."

O sujeito supõe que determinado estímulo provoca uma resposta específica.

"Como ela faz você ficar triste?"

O terapeuta deve questionar como uma coisa causa a outra, deve checar a relação existente entre causa e efeito.

### 5.3.4 Equivalentes complexos

"Ela não veio, (portanto) está com raiva de mim."

Nesse modelo a estrutura frasal traz frases que se complementam, a primeira oração equivale necessariamente à segunda.

"Já aconteceu de ela não vir e não estar com raiva de você?"

O recomendado, nesse caso, é verificar com o sujeito a validade de sua afirmação.

### 5.3.5 Pressuposições

"Não quero mais criar problemas."

A frase traz uma informação em suas entrelinhas e o terapeuta deverá identificá-la. Se a pessoa "não quer mais criar problemas" pressupõe-se que ela já os tenha criado em algum momento.

"O que especificamente você faz que crie problemas?"

Identificada a pressuposição, essa será desafiada no mesmo modelo das eliminações.

## 6. Conclusão

O metamodelo de linguagem é uma poderosa ferramenta que permite a identificação e o esclarecimento das informações trazidas pelo sujeito. Na metáfora de Deborah Epelman em seus cursos, o metamodelo de linguagem pode ser compreendido como "o descascar da cebola", onde cada pergunta desafiadora dirigida ao sujeito retira uma camada "da cebola", e cada camada retirada vai aproximando mais e mais a exata compreensão do modelo de mundo que se apresenta.

As perguntas (desafios) devem ser diretas, abertas, conduzindo o sujeito ao exato significado de sua fala e à percepção de novas possibilidades, ampliando seu modelo de mundo.

O sucesso desse modelo terapêutico requer a habilidade de compreender o modelo de mundo do sujeito, a partir do que ele diz, percebendo todas as informações subjacentes.

Colher informações, esclarecer significados, identificar limites, oferecer escolhas.

"O que é que você quer?"

"Como especificamente?"

"O que é que te impede?"

"E se você ousasse, como é que seria?"

Eis o metamodelo de linguagem.

**ferramentas de PNL**

# Carreira: como a PNL pode fazer a diferença

Eliane Barion

17

## Eliane Barion

Diretora da IntegroSer – *Coaching* & Terapias.
*Trainer* em PNL pela PAHC.
Formação em Vícios, Compulsões e Identidade pela PAHC.
Consultora em Mapeamento e Análise de Perfil na Teoria DISC e Motivadores pela TTI Success Insight Brasil.
*Coach* pessoal, profissional e executiva pela Sociedade Brasileira de Coaching.
Formação em Ativismo Quântico com o físico quântico dr. Amit Goswami.
Em formação: Terapia Complementar e Medicina Chinesa.
Estudante de Eneagrama.
*Black Belt* em *Lean Six Sigma*, atuando na melhoria de processos e qualidade de negócios.

(11) 94493-3468
(11) 98339-6569
eliane@integroser.com.br
www.integroser.com.br

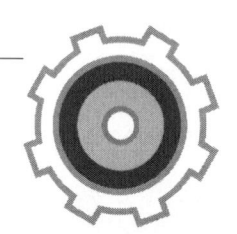

Antes de começar a falar sobre mudança de carreira, quero te contar como a PNL fez diferença na minha vida e, se pudesse expressar em palavras, utilizaria uma ferramenta chamada Metáfora e, com ela, começaria minha história assim....

Era uma vez uma menina de 23 anos que, como tantas outras, buscava "ser alguém na vida". E o significado de "ser alguém na vida" era fazer uma boa faculdade, uma pós-graduação, ter um grande emprego e ser uma grande executiva.

Aos 24 anos, após formada, pós-graduada e com um bom emprego, decidiu morar fora do Brasil e fazer um curso de especialização, até porque, falar Inglês fluente e ter uma experiência fora era o *script* que a sociedade criara para quem queria ser uma grande executiva. Fez o seu planejamento e foi... em busca de "ser alguém na vida".

Nessa experiência de morar fora do Brasil, inesperadamente, vivenciou uma crise interna, momentos de angústia, tristeza, e ela não entendia o que estava acontecendo, uma vez que estava realizando seus objetivos e, teoricamente, estava no caminho certo. E agora? Como lidar com essas sensações sem explicação? Questionamentos como: será que é isso mesmo que eu quero? Por que estou sentindo isso? Por que estou me comportando assim quando gostaria de me comportar de outra forma?

E foi assim que se iniciou uma grande viagem interna. Ao voltar para o Brasil, nessa ânsia de entender tudo o que estava acontecendo, a PNL surgiu em sua vida. A PNL trouxe formas e ferramentas para que essa menina pudesse mergulhar em seus processos internos, em suas estruturas de pensamento, entender estados emocionais, acessar suas crenças, valores e alinhá-los com sua missão. E então, verdadeiramente, escolher seus próprios caminhos e descobrir o que é "ser alguém na vida" para ela.

Um caminho intenso, profundo e gratificante.

É uma história sem fim, com muitos capítulos, porque vai continuar e evoluir sempre.

E, somente para terminar esse capítulo 14 anos depois, deixaria uma mensagem que diz assim:

> *"Nosso sistema interno tem uma grande inteligência e uma grande essência. A PNL é a forma de acessarmos essa inteligência, a nossa verdadeira Verdade".*

## A Mudança de Carreira

*"Todos têm um propósito de vida... um dom singular ou um talento único para dar aos outros. E, quando misturamos esse talento singular com benefícios aos outros, experimentamos o êxtase da exultação do nosso próprio espírito – entre todos, o supremo objetivo." (Deepack Chopra)*

Tomar uma decisão a respeito de uma mudança de carreira pode ser, em muitos casos, uma escolha muito desafiadora.

Atualmente, a opção de carreira acontece em geral aos 17 anos, momento em que, segundo a Antroposofia, um método de conhecimento da natureza do ser humano e do universo, nasce o senso crítico, fazendo com que o indivíduo passe a criticar tudo o que está perto e a se identificar com o que está mais longe, mais fora dele: os ídolos distantes, a musa ou os conjuntos de *rock*, criando certa ilusão do que é perfeito. Além disso, é uma fase de muita intensidade em tudo que é feito, e pode estar faltando certo equilíbrio interno, maturidade e orientação vocacional para essa decisão.

Desse modo, a escolha pela profissão pode ser por base nas oportunidades de mercado, na tradição familiar, nas habilidades e competências que a pessoa julga possuir, na propaganda apresentada pela mídia, na remuneração destacada nas pesquisas, ou até mesmo na tentativa de alguma coisa por ainda não terem certeza do que querem. E, assim, nem sempre a tomada de decisão com base nesses fatores irá levar o indivíduo a ter uma vida no trabalho de plena satisfação.

De acordo com a pesquisa da Pactive Consultoria com 1.006 pessoas em 22 Estados brasileiros, 32% dos entrevistados já pensaram em largar tudo e começar uma nova carreira algumas vezes e 26% muitas vezes. Além disso, 65% deles gostariam de fazer algo mais ligado à sua personalidade. E o que os impede de mudar? Entre as respostas, o medo de arriscar foi apontado por 31%, seguida por incerteza do que gosta (16%) e falta de qualificação (16%).

Para o consultor Eduardo Ferraz, dono da Pactive Consultoria, esses dados são absolutamente comuns e afirma: "Neste exato momento muita gente está insatisfeita ou frustrada com sua vida profissional por não ter certeza de estar no lugar mais adequado e isso acontece com indivíduos em todos os estágios da carreira".

Segundo os entrevistados, o trabalho interfere na felicidade pessoal, para 39% muito, para 31% razoavelmente e para 30%, pouco. "Isso mostra que estar satisfeito com o trabalho é fundamental para ter uma vida feliz, por isso, as pessoas precisam tanto acertar em suas escolhas profissionais", afirma o consultor.

Portanto, se você fez uma escolha no passado e quer buscar um novo sentido para sua carreira, eu te convido a mergulhar nessas próximas palavras com a intenção de te trazer mais recursos que possam te ajudar a tomar uma decisão mais assertiva com significado e congruência com aquilo que realmente você quer.

Para uma mudança de carreira, é importante destacar dois grandes aspectos que a PNL chama de Jogo Externo e Jogo Interno. O Jogo Externo concentra todas as ações práticas necessárias e recursos externos para o atingimento de um objetivo e o Jogo Interno, que considero fundamental, aborda nossa parte interna mental e emocional, o autoconhecimento, a busca do significado e o alinhamento com tudo aquilo que é importante para o nosso ser.

## O Jogo Externo

Neste aspecto, abordo alguns itens que devem ser seguidos para a mudança:

* **Estude o Mercado:** conheça o segmento de mercado onde vai atuar, as demandas, os valores e cultura da nova profissão;

* **Aprenda:** conheça os novos processos ou métodos de trabalho da nova atividade. Invista em formações específicas para desenvolver as habilidades necessárias;

* **Converse com pessoas** que já realizaram mudanças similares as quais você quer fazer;

* **Tenha uma reserva financeira:** considere os custos necessários de, ao menos, alguns meses durante a transição;

* **Faça um plano de ação:** estabeleça as ações com seus respectivos prazos e custos;

* **Experimente:** vivencie o seu objetivo. Faça um teste. É uma oportunidade de sentir no corpo a experiência.

## O Jogo Interno

O Jogo Interno está relacionado ao nosso modelo de pensamentos, de comportamentos, de crenças. Quando entendemos o que está acontecendo dentro de nós, conseguimos tomar direções que nos movem para onde queremos.

O Jogo Interno significa autoconhecimento, consciência de como funcionamos hoje para podermos construir o amanhã. Permite que você descubra no que você é bom, qual sua paixão, seus valores, suas inspirações, bem como o que é importante para você ser e ter para alcançar seus objetivos. Se não existir essa base bem firme, de nada adiantará termos um plano de ações tão bem detalhado, porque não será efetivo.

É essencial que o Jogo Interno e o Jogo Externo estejam trabalhando juntos para que tudo se concretize.

Trabalhar o autoconhecimento significa ter uma bússola interna que vai te dizer por onde caminhar mesmo que a situação em volta esteja uma bagunça. Quando fazemos escolhas baseadas naquilo que faz sentido tendo em vista nossas crenças e valores, fica mais fácil ir em frente, tendo coerência e aderência com aquilo que faz sentido para nós.

Como diz Eduardo Ferraz: "A principal causa da insatisfação na vida profissional é que as pessoas se autoconhecem pouco e, sem perceber, usam filtros mentais que distorcem suas percepções, fazendo com que cometam erros de julgamento. O segredo para ter uma carreira de sucesso é aumentar muito seu autoconhecimento, para ter o discernimento de escolher profissões, cargos ou atividades compatíveis com sua personalidade. Só assim aumentarão as chances de as pessoas serem muito bem-sucedidas, não só em suas profissões, mas também em suas vidas".

## Como a PNL pode ajudar?

Dentre muitas ferramentas que a PNL nos oferece para o desenvolvimento pessoal, destaco uma muito significativa e que vai ao encontro do que estou propondo de como realizar o movimento de transição de carreira de uma forma mais alinhada, congruente, integrada com aquilo que queremos. É o Alinhamento dos Níveis Neurológicos.

O modelo de Níveis Neurológicos de aprendizagem e mudança foi construído por Gregory Bateson e também adaptado por Robert Dilts. Ele explica que temos uma hierarquia de níveis de processamento dentro de nós, onde organizamos as nossas informações. A função de cada nível é sintetizar, organizar e direcionar as interações do nível abaixo dele. Mudar alguma coisa em um nível superior necessariamente mudará os níveis abaixo. Esses níveis se apresentam do nível de baixo para o mais alto, respectivamente:

* **Ambiente** – envolve as condições externas, um lugar, um espaço onde atuamos. Como percebemos um cenário externo, é o que chamamos de espaço-tempo. **Onde estou e quando?**

* **Comportamentos** – envolve nossas ações ou comportamentos dentro do ambiente. **O que faço dentro do ambiente?**

* **Capacidades** – envolve as habilidades, capacidades com que nos comportamos. São os recursos internos que fazem com que nos comportemos de uma forma específica. Por exemplo, segurança é uma habilidade que faz com que me comporte de uma maneira mais firme etc. **Como atuo com esses comportamentos dentro do ambiente?**

* **Crenças e Valores** – envolve tudo aquilo que acreditamos ser verdade para nós. Esse nível tem a ver com o porquê pensamos e porque fazemos o que fazemos. Se fazemos alguma coisa, é porque acreditamos que isso é verdade para nós e deixar de fazer segue o mesmo processo. É o que dá permissão para nossas ações. **Por quê?**

* **Identidade** – envolve a nossa experiência e nosso entendimento do que nós somos, nossa personalidade, nossos papéis e funções dentro do sistema no qual estamos inseridos. **Quem sou?**

* **Espiritual** – envolve um sentido maior, livre de qualquer conotação religiosa, relaciona-se com o nosso sentido de algo que vai além de nossas próprias imagens de nós mesmos e envolve nossa visão de um sistema maior do qual fazemos parte com todos os nossos papéis, valores, crenças, pensamentos, ações ou sensações. Ele diz respeito ao quem e o que mais está no sistema maior e pode ser associado às questões: **Para quem?** e **Para quê?** Esse nível pode ser considerado como o nível da visão, da missão. É também chamado pela Física Quântica como campo da potencialidade pura. Quando acessamos esse nível, expandimos a nossa consciência e encontramos sentido, significado para tudo.

## Como praticar?

O exercício que proponho para você tem como objetivo percorrer todos os níveis e, em cada um, perceber como está e identificar o que é preciso para que você alinhe todo o seu sistema interno em seus comportamentos, capacidades, crenças, valores, identidade e espiritual em direção ao que você quer.

Nesse caso, estamos focados em um objetivo de uma nova carreira, mas você poderá realizar esse exercício para qualquer objetivo em sua vida.

Antes de tudo, defina o que você quer. **Qual o seu objetivo?**

Posicione um espaço físico definindo cada um dos seis níveis neurológicos: **AMBIENTE, COMPORTAMENTO, CAPACIDADE, CRENÇAS E VALORES, IDENTIDADE E ESPIRITUAL**. É como se você desenhasse no chão um espaço para cada um e, durante o exercício, você irá percorrer todos eles.

1. Entre em contato com o espaço **AMBIENTE** e responda a pergunta: **Onde e quando eu quero (seu objetivo)?** Imagine-se nesse ambiente e nesse momento vivendo seu objetivo. Perceba todo o cenário.

2. Deixe o ambiente e entre no espaço **COMPORTAMENTOS** e responda a pergunta: **O que eu faço quando estou atuando (em meu objetivo)?** (ações, posturas, falas, expressões, movimentos, é como se alguém estivesse olhando para você e descrevendo tudo o que você está fazendo, como você está).

3. Deixe o espaço comportamento e entre no espaço **CAPACIDADES** e responda as perguntas: **Que capacidades ou habilidades eu tenho para executar aquelas ações naqueles lugares e momentos? Como a minha mente tem de funcionar para que eu tenha aqueles comportamentos?** (por ex., segurança, tranquilidade – recursos)

4. Deixe o espaço capacidades e entre no espaço **CRENÇAS E VALORES** e responda as perguntas: **No que eu acredito ou no que preciso acreditar que me permite chegar ao meu objetivo?** (imagine como você está quando está acreditando). **Que valores são importantes para mim quando estou envolvido nesse objetivo? Por que quero atuar nesse objetivo?**

5. Deixe o espaço crenças e valores e entre no espaço **IDENTIDADE** e responda as perguntas: **Quem sou eu que quer ter esse objetivo? Qual é a minha missão?**

6. Deixe o espaço identidade e entre no espaço **ESPIRITUAL** e responda as perguntas: **O que ou quem mais além de mim vai ser influenciado com a realização desse objetivo? Para que quero este objetivo?**

7. Continue neste espaço do **ESPIRITUAL** e se entregue a este estado e perceba todas as informações recebidas e que está recebendo. Talvez, nesse momento, você possa ter sensações, sentimentos. Acolha isso dentro de você.

8. Agora, leve todas as sensações e experiências do espiritual para o espaço da **IDENTIDADE**, para que você possa vivenciar ambas ao mesmo tempo.

9. Mantendo as experiências do espiritual e identidade juntas, leve-as para o espaço **CRENÇAS E VALORES**, e perceba como enriquece sua experiência.

10. Assim, leve suas experiências do espiritual, identidade, crenças e valores para o espaço **CAPACIDADES**.

11. Indo para o espaço **COMPORTAMENTOS**, leve suas experiências do espiritual, identidade, crenças e valores e capacidades para lá.

12. E, por fim, leve suas experiências do espiritual, identidade, crenças e valores, capacidades e comportamentos para o espaço **AMBIENTE** e observe como tudo se transforma e se enriquece e perceba o quanto tudo se equilibra, se harmoniza e se integra dentro de você.

Abaixo uma figura para te ajudar na representação desse exercício:

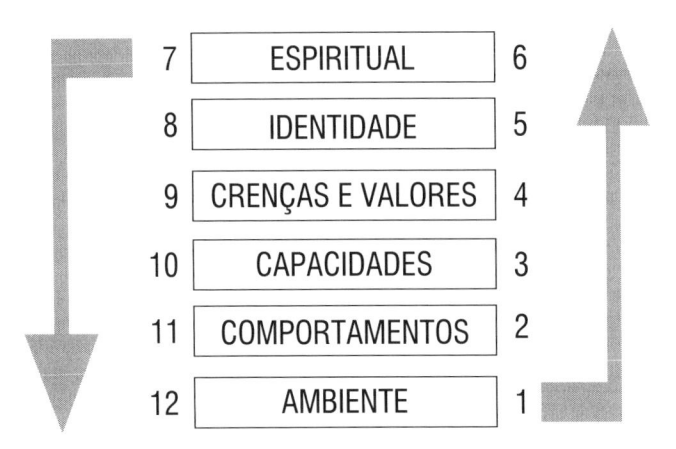

| | | |
|---|---|---|
| 7 | ESPIRITUAL | 6 |
| 8 | IDENTIDADE | 5 |
| 9 | CRENÇAS E VALORES | 4 |
| 10 | CAPACIDADES | 3 |
| 11 | COMPORTAMENTOS | 2 |
| 12 | AMBIENTE | 1 |

Sim, você está pronto(a) com todo o seu SER!!!

Para finalizar, deixo aqui uma frase em que acredito muito e que permeia toda minha vida, de Deepack Chopra, em seu livro "As Sete Leis Espirituais do Sucesso": "Você tem um talento singular e uma maneira única de expressá-lo. Existe alguma coisa que você consegue fazer melhor do que todo mundo. E, para cada talento singular, em sua forma única de se expressar, existem necessidades específicas. Quando essas necessidades se combinam com a expressão criativa de seu talento, surge a fagulha que cria a riqueza. Isso significa que há uma coisa que você pode fazer e de um jeito melhor do que qualquer pessoa sobre a Terra. Quando você está fazendo essa coisa, perde a noção do tempo. E, quando está expressando esse talento único, você penetra na consciência atemporal".

E descobre um grande sentido em sua vida!!

**REFERÊNCIAS BIBLIOGRÁFICAS**

CHOPRA, Deepack. A Sete Leis Espirituais do Sucesso. Rio de Janeiro: Editora Best Seller, 2015.

MOGGI, Jaime. Liderando pela Essência. São Paulo: Editora Antroposófica.

Mudança de Carreira, pesquisa pela Pactive Consultoria, Eduardo Ferraz (http://g1.globo.com/concursos-e-emprego/noticia/2013/08/maioria-ja-pensou-em-largar-tudo-e-mudar-de-carreira-diz-pesquisa.html)

Apostila Practitioner em PNL – NLP University – Robert Dilts, Judith DeLozier e Deborah Bacon Dilts.

**ferramentas de PNL**

# Ancoragem

Vera Zaia

18

## Vera Zaia

*Master practitioner* em Programação Neurolinguística Sistêmica pela PAHC, tendo concluído o Pratictioner em 2008 e o Master em 2011. Além dessas formações cursou também Radiestesia, Radiônica e Feng Shui com Francisco Borrello, um dos profissionais com maior *know-how* deste segmento no Brasil. Desde que se formou em PNL, tem realizado atendimentos individuais, possibilitando melhor qualidade de vida por meio das excelentes ferramentas da PNL. Paralelamente aos atendimentos, Vera realiza também palestras em escolas difundindo a PNL e todos os seus benefícios.

(11) 99974-1464
vera@terapiapnlsistemica.com.br
www.terapiapnlsistemica.com.br

Primeiramente, quero fazer um agradecimento muito especial a algumas pessoas que foram responsáveis por minha formação em Programação Neurolinguística Sistêmica e também dizer como ela mudou a minha vida.

Fiquei muito surpresa e lisonjeada ao receber o convite da Sociedade Brasileira de Programação e Autoconhecimento (PAHC), através de sua diretora e coordenadora de cursos Deborah Epelman e da instrutora e NLPU *Master Trainer* Sueli Cassis, para fazer parte deste livro que será muito especial para mim, no tocante à minha vida profissional, dando notoriedade ao que escolhi como trabalho com meus 48 anos de idade e também para todas as pessoas que buscam aprender ou reforçar um pouco mais seus conhecimentos sobre as "Ferramentas da PNL".

Muito honrada me sinto também por ter um grande mestre da PNL, Robert Dilts, fazendo a apresentação deste livro.

Grata à Editora Leader pela atenção que dispensou a mim neste trabalho totalmente novo em minha vida.

Agradeço também ao apoio, incentivo e compreensão que recebi de meu marido, Francisco, e de meu filho Rafael, que também são uma parte muito importante para que eu consiga desempenhar bem meu trabalho.

Quero também expressar minha gratidão à minha filha Aline Zaia, que foi quem conheceu a PAHC, se encantou com seus cursos "Practitioner em PNL Sistêmica" e "*Master Practitioner* em PNL Sistêmica" e me incentivou a fazê-los por eu sempre ter demonstrado uma vontade muito grande em ter uma formação profissional, o que antes não foi possível por eu ter escolhido desde antes de me casar me dedicar inteiramente à família, enquanto achasse necessário, postura de que jamais me arrependerei.

A partir do primeiro curso (Practitioner) me senti uma pessoa mais importante para o meu mundo interior, percebi que tenho meu lugar e importância para o mundo, tornando possível ajudar as pessoas que, como eu, achavam que os incômodos internos são normais e fazem parte da vida. Fez-me perceber que é possível viver um mundo interior em paz e harmonia e aí decidi dar continuidade à minha formação.

Decidi fazer o Master Practitioner, e para isso foi necessário ficar 11 dias em imersão em uma pousada no interior de São Paulo.

Um fato estranho para mim, um novo rumo em minha vida.

Fiz o Master em uma situação totalmente nova, pois nunca tinha ficado longe de minha família nem por um dia.

Foi um desafio muito grande para mim e creio que também fora bem diferente para meu marido e filhos, que nunca ficaram sem a minha presença.

Quando me levaram até o local do curso e depois de instalada nos despedimos, me deu uma vontade enorme de chorar, parecia que eu estava abandonando minha família, uma sensação (claro) enganosa, mas foi o que senti naquele momento.

Eu sei o quanto foi desafiador ficar longe deles.

Todavia, foi uma opção que fiz com muita clareza e enquanto passavam os dias percebi e senti que o mundo deles estava correndo como sempre, mesmo sem minha presença. Isso me tranquilizou demais, fazendo com que não me sentisse em falta para com eles.

Com o Master comecei a enxergar a vida não só sob meu ponto de vista, mas também sob o ponto de vista de cada indivíduo, não só respeitando ainda mais suas escolhas como também tendo a compreensão de que o mundo pode ser maravilhoso para todos, porém de formas diferentes.

Fiquei encantada com tantas técnicas, tão precisas para qualquer questão que se quisesse resolver.

A partir destes ensinamentos, ministrados por pessoas altamente qualificadas da PAHC, cito Deborah Epelman e Sueli Cassis, que com muita paciência, didática e carinho conseguiram fazer com que eu vislumbrasse um mundo diferente do que até então eu conhecia.

Esse mundo novo, que não estava fora mas, sim, dentro de mim, ajudou-me a enxergar claramente as minhas fraquezas, que até então nem sabia que eram tantas, para poder transformá-las em força, e também meus pontos fortes, que até então eu desconhecia.

Fez-me crescer e entender ainda mais o valor que existe em buscar a felicidade cada vez mais, com a compreensão de que podemos sim ser felizes com os acertos e também com os erros, reprogramando nossas crenças, nossos medos, nossos comportamentos, nossos valores e assim dar minha contribuição para todas as pessoas que buscam uma vida mais leve, mais saudável, mais em paz e, acima de tudo, colaborando para cada qual conquistar seu espaço como um ser humano melhor para o mundo e para si mesmo.

A ajuda ao próximo é o que me norteia nesse trabalho que exerço com muita responsabilidade e amor. Não consigo mais me ver sem meu trabalho que me traz uma satisfação e realização pessoal incríveis.

A PNL foi um importantíssimo divisor de águas em minha vida, me favorecendo para ser uma pessoa melhor, não só com as pessoas que me rodeiam mas também comigo mesma, sem me deixar em último plano perante a vida.

Agora, deixando à parte minha realização pessoal com a PNL, vou falar um pouco sobre ela.

## Ancoragem x Questões limitantes

Durante a vida muitas pessoas passam por experiências desagradáveis e muitas vezes perdem a autoconfiança, a vontade de lutar pelo que as impulsiona para frente e acima de tudo começam a pensar em seus objetivos de forma desanimadora.

É como se pensassem "ah, se fosse possível eu fazer..., ah, se eu conseguisse alcançar..., ah, se tudo fosse diferente..."

O ser humano tem o errôneo hábito de pensar que é muito normal passar por situações limitantes no decorrer da vida e se sentir depressivo, desanimado e perder o ânimo de viver, que sendo assim só resta aceitar e se fechar, não visualizando possibilidades para mudanças.

Nosso inconsciente é uma parte de nós, racionalmente desconhecida, o que nos induz a erros repetitivos ou erros de que não nos damos conta do porquê eles acontecem, e também é muito comum termos comportamentos que para nós são totalmente injustificáveis do ponto de vista de nossas lembranças conscientes até o momento, mas que nosso inconsciente conhece.

Por não saber como trabalhar o inconsciente de forma favorável, essas pessoas desistem de seus objetivos, seus sonhos e realizações devido ao desconhecimento de estudos e pesquisas muito avançados e já testados centenas de vezes antes de terem seu lugar nas literaturas de PNL e que podem nos acometer de forma impositiva pelo nosso inconsciente.

Uma forma de trabalharmos com estes conteúdos de forma efetiva e rápida, tornando possível a idealização e realização de nossos sonhos, é fazer as transformações de nossas limitações em capacidades ou recursos.

Muitas vezes não conseguimos perceber que precisamos mudar algumas atitudes e desta forma, sem fazer as mudanças necessárias em nosso inconsciente, ou seja, reprogramando nosso inconsciente através de técnicas da PNL, ficamos marcando passo na vida, esperando por um acontecimento, um *flash*, um milagre.

Uma ferramenta fantástica dentro da PNL de que costumo fazer uso frequente é a "ancoragem", e que devido aos excelentes resultados alcançados me inspirou a falar um pouco sobre ela.

Para compreendermos o que é ANCORAGEM, vou primeiramente descrever o que é "âncora".

Âncora é um estímulo que vem através de um ou mais de nossos cinco sentidos, acompanhado de uma representação interna, ou seja, de como nosso inconsciente recebeu aquele fato do passado, e que nos traz a exata sensação que sentimos quando no passado passamos por tal experiência ou que pode ser também um fato imaginado, usando a criatividade no momento da consulta.

Para se instalar uma âncora, o cliente é induzido a recordar um momento de sua vida em que, no instante em que precisou de algum recurso, este se fez presente, para assim trazer exatamente a sensação necessária para fixar tal recurso buscado para a resolução de sua questão limitante.

A ancoragem pode ser usada com ótimos resultados para resolver as questões limitantes relacionadas à falta de "recursos emocionais" ou "capacidades", para se ter o resultado desejado nas mais variadas situações em que a pessoa percebe que faltou alguma reação ou ação mais apropriada em algum acontecimento.

Para dar a você uma explicação clara que propicie um entendimento a contento, vou dar como exemplo uma "ancoragem" para um cliente que precisa sentir-se "seguro" utilizando o recurso da "segurança".

Para se fazer uma ancoragem é necessário conduzir o cliente a se recordar de um momento em que o recurso "segurança" estava disponível. No momento em que o cliente estiver no "pico" da sensação já vivenciada com a "segurança" que teve disponível no momento em que ela se fez necessária e percebendo e sentindo profundamente todas as sensações, como temperatura, sons, iluminação, presença de pessoas ou não e quaisquer outros detalhes agradáveis e que foram importantes no momento em que estava se sentindo seguro, damos um leve "toque" em algum lugar de seu braço, por exemplo.

Tiramos o cliente do estado em que vivenciou o recurso de "segurança" e, em seguida, é pedido para ele criativamente imaginar a situação que o deixa "inseguro" e que vai precisar de "segurança".

Visualizando a nova situação que até então seja limitante, disparamos a âncora, ou seja, seguramos o toque no local do braço em que fixamos a âncora de "segurança" e com a âncora disparada todas as sensações que sentiu na vivência do passado bem-sucedida tomam o lugar na nova situação até então desafiadora; assim, o efeito esperado é que deste momento em diante conseguirá se sentir seguro.

O que acontece neste momento da ancoragem é que o cliente transforma o "Estado Atual", que lhe traz desconforto, em um "Estado Desejado" com o estado de recursos da "segurança" que se fez necessária.

Depois disto, é feito o que chamamos de "Ponte ao Futuro", que consiste em perguntar algo assim: "Como você percebe que será seu desempenho na próxima vez em que vivenciar uma situação semelhante já tendo a "segurança", já se sentindo seguro no momento que for preciso?

Neste contexto o cliente conseguirá perceber e sentir claramente que no momento da situação, antes desafiadora, ele estará se sentindo "seguro" e será muito perceptível a sua tranquilidade, ele dirá que está ótimo, e também através de seu semblante, de um sorriso, com esta nova situação que antes era desafiadora e lhe trazia total desconforto e descontentamento e que de agora em diante será como ele deseja.

Desta forma, a questão da "insegurança" foi substituída pela "segurança" e assim, todas as vezes em que a mesma situação ou situações semelhantes acontecerem, este recurso estará presente tornando sua vida muito mais resolvida.

Esta é apenas uma das formas em que a ancoragem pode fazer as mudanças que você deseja.

Se você se encaixa neste caso, este é o momento de procurar a ajuda dos trabalhos com a PNL, que realmente propiciam um resultado dentro de suas expectativas, e também rápidos e efetivos.

É necessário simplesmente decidir tomar a iniciativa para que as coisas comecem a correr de forma satisfatória e plena e perguntar a si mesmo: "Minha vida está acontecendo da forma que eu quero? O que eu quero pra mim? Qual é a mudança que desejo fazer em minha vida? Quero continuar pensando que meus anseios, sonhos e expectativas são pensamentos e desejos utópicos?"

As situações que desencadeiam traumas, complexos e até muitos tipos de doenças são merecedoras de atenção, boa vontade e persistência para encontrar o caminho para se resolver estas questões.

Suprindo essas necessidades, a PNL traz de volta as capacidades, os recursos que julgávamos nem existirem dentro de nós.

**ferramentas de**
# PNL

# No controle de suas emoções

Luiz Pinheiro

19

## Luiz Pinheiro

Empresário, diretor da *Ace Institute;* atua na área educacional há 19 anos e geriu projeto de ensino de língua inglesa em multinacional com mais de 2.000 colaboradores por quatro anos consecutivos; tradutor/intérprete, sendo que nos últimos sete anos tem realizado serviços específicos para programas de tratamento e prevenção em uso e abuso de álcool e drogas para o Colombo Plan e Bureau of International Narcotics and Law Enforcement Affairs (INL) para projetos no Brasil, América Latina e Europa; *master trainer* em PNL Sistêmica pela NLPU, *coach* em PNL New Code e Meta-Coach; neurocientista e graduado em Letras com especialização em Administração e Supervisão Escolar.

luizlauriano.sp@gmail.com

Meu primeiro contato com PNL foi em 2004 em um *workshop* para professores de idiomas. Sem saber o que era, lá estava eu; depois descobri que não era o único que não conhecia nada do assunto.

Sentei-me ao lado de uma professora, que com meu conhecimento de hoje diria que foi provida pelo "campo", pois ela já conhecia sobre PNL. Fiquei impressionado com o assunto e com esta professora conversei bastante. Ela possuía dois livros voltados para o ensino de língua inglesa que se propôs a me emprestar. E foi com os livros de Suzan Norman e Jane Revell que me admirei mais com a PNL. Não mencionei, mas naquele ano eu estava no último ano da faculdade de Letras e eu tinha um TCC para fazer. Adivinhem qual foi o tema do meu trabalho? (risos)

Descobri que a minha universidade não tinha especialistas na área. Foi em minhas pesquisas que encontrei a Deborah Epelman e desde o começo eu já sabia que queria a formação completa. Fiz meu Practitioner em PNL Sistêmica com foco no meu TCC. Foi ótimo conhecer PNL, aprender com a Deborah e poder aplicar o que aprendi em meu TCC. Agradeço à minha professora orientadora, cujo apoio foi fundamental para que o projeto fosse realizado.

Em meu Practitioner, aprendi a lidar mais com a timidez (acredite ou não, professores também podem ser tímidos), aprendi a respeitar o espaço e o mapa dos outros, aprendi a olhar, ouvir e sentir o meu mundo, e me interessar como os outros estavam vendo, ouvindo e sentindo o deles.

Minha carreira melhorou; deixei de ser mais um professor para ser o professor. Além de Letras, concluí Pedagogia em Administração e Supervisão Escolar e em pouco tempo eu já era vice-diretor em uma escola pública. Por ser jovem, recebi críticas, resistência e acusações infundadas, mas em pouco tempo eu era o líder que podia ser naquele momento. E fico feliz que as mesmas pessoas que agiram de modo negativo no começo hoje me respeitam e se lembram das coisas que conquistamos juntos.

Fiz meu Máster, também com a Deborah, em 2010; tinha umas crenças limitantes que eu desejava trabalhar e ainda não tinha atingido alguns dos objetivos que eu queria. Mágica de PNL, ou não, me fortaleci e conquistei muitas outras coisas.

Em 2015, realizei meu *Trainer* com Robert Dilts. Fico emocionado por ter realizado isto ao lado da Deborah, que também estava lá (apesar do fato de ela estar lá não ser novidade!).

Magia da PNL ou não, muitas coisas ocorreram e em 2015 posso deixar registrado aqui que atingi todos os meus objetivos bem formulados e que tudo foi bem sistêmico. Foi um ano em que ao olhar para trás me fez refletir que aquilo que comecei meio que sem querer em 2004 fez todo o sentido para minha evolução pessoal, profissional e espiritual (queira você interpretar isto pelo jargão da PNL ou por outro).

Hoje, tenho meu negócio próprio de idiomas, realizo traduções, atuo como *coach*, *trainer* e consultor em PNL.

Para mim, passei por uma montanha russa de coisas, percebi que flutuamos emocionalmente todo o tempo; assim, decidi falar com você sobre emoções.

O ser humano é de fato o animal mais emocional que existe; acredito que outros animais tenham emoções, mas o ser humano é o único que parece dar significado e nome para elas. Curiosamente, é devido ao significado que damos às nossas emoções que nos fortalecemos ou sucumbimos. Dominar, administrar, controlar as emoções me parece de grande importância para professores, gestores, líderes de qualquer área de atuação. Lembro-me de professores entrando na minha sala bufando pelo comportamento de algum aluno, do ânimo em sala de aula devido a algum problema exterior e o nível de estresse dependendo da época do ano.

Com o que aprendi, percebi que eu tinha algo que poderia ajudar estes profissionais a terem mais controle de si e que ao fazerem isso também enriqueceriam as suas atuações em sala de aula.

Como eu sempre mantive um pé dentro de sala de aula, percebi que o estado emocional do aluno/cliente também era imprescindível. Bingo! Com PNL eu podia ajudar professores a ajudarem alunos. Alunos a se ajudarem e vice-versa.

Em meu papel como vice-diretor eu podia criar consciência em minha equipe. Em meu papel como professor de idiomas em multinacionais eu podia ajudar meus alunos a mudarem os estados emocionais negativos com que eles entravam para suas aulas. As ferramentas e conhecimentos de PNL enriqueciam tanto a minha atuação em sala de aula quanto ajudavam os professores a iniciarem esta consciência também.

Como podemos atuar de modo equilibrado emocionalmente em um mundo cheio de estímulos? A resposta pode estar dentro de você.

Se você é um professor, gestor, líder, Coach, vendedor etc., é aconselhável que conheça um pouco sobre como a máquina humana funciona, afinal é o produto que você utiliza. Não temos um manual de instruções, mas a Psicologia, a Sociologia e a Filosofia nos fornecem muitas informações ricas sobre esta máquina pensante e emotiva. A Programação Neurolinguística se fundamenta em várias destas áreas e nos dá a estrutura de que precisamos para atingirmos os resultados incríveis que queremos.

Como as emoções surgem? O que ocorre dentro de você quando diz: "Estou com raiva".

A palavra emoção vem do latim *emovere* e significa agitar, remover, mudar de lugar. É formada por *EX*, fora, e por *MOVERE*, mudar. Acho isso interessante, pois de fato expressões emocionais movem para fora algo que veio de dentro. O termo passou a ser usado para expressar forte sentimento em 1650 e para qualquer sentimento por volta de 1808.

Para Myers, "as emoções são respostas adaptativas de nosso corpo. Elas existem não para nos proporcionar experiências importantes, mas para permitir a nossa sobrevivência". (2014)

Damásio (2000) postula que vem a ser uma variação psíquica e física que é desencadeada por meio de um estímulo. Este é vivenciado subjetivamente e automaticamente e coloca o sujeito em um estado de resposta para este estímulo. Ou seja, emoções são um modo de avaliarmos o ambiente e de respondermos de forma adaptativa.

Emoções são respostas psicológicas de todo o organismo e que envolvem a interação entre excitação fisiológica, comportamentos expressivos e experiência consciente. Três teorias da emoção apoiam o pensamento acima:

* **Teoria de James-Lange:** um estímulo produz resposta de nosso corpo e gera emoções;
* **Teoria de Cannom-Bard:** a resposta de nosso corpo e emoções ocorrem simultaneamente; isto é, uma não causa a outra;
* **Teoria dos dois fatores:** há excitação física e um rótulo cognitivo.

As emoções podem ser corporificadas, neste caso, o foco é nas respostas fisiológicas e padrões cerebrais; podem ser expressadas, isto é, centramos em nossa comunicação não verbal, como expressões são compreendidas universalmente e como expressões faciais influenciam nossos sentimentos e também emoções experenciadas para responder à função de uma emoção e causas e consequências com base em nossas experiências individuais.

Na literatura podemos lembrar-nos do casal apaixonado que evidenciou fisicamente suas emoções. Se você já andou por uma rua escura, talvez tenha percebido como seu corpo reagiu naquele contexto. Também é possível que emoções ocorram sem que se tenha noção em um nível neuronal.

Em situações de medo ou estresse, por exemplo, o responsável por isso é nosso Sistema Nervoso Autônomo, que leva seu corpo para ação e o acalma no fim da crise, recuperando sua homeostase. A divisão simpática faz com que glândulas suprarrenais liberem hormônios de estresse: epinefrina e norepinefrina. O fígado libera açúcar no sangue, o ritmo cardíaco aumenta para queimar o aumento de açúcar. A digestão diminui e o sangue é direcionado mais para os órgãos internos e músculos que te facilitarão correr. Pupilas dilatam para aumentar sua capacidade de ver e o suor para resfriar.

Ao passar a crise, a divisão parassimpática assume o controle e inibe a liberação de hormônios. A redução é gradativa, visto que você tem uma quantidade de hormônios de estresse liberada no corpo. Um experimento mostrou como a interferência química pode influenciar percepções emocionais. O mesmo estado de excitação por meio de uma injeção de epinefrina (adrenalina) foi interpretado como raiva ou prazer dependendo do contexto de interação social.

Em PNL dizemos que é impossível não se comunicar pelo fato de que mesmo quando não estamos falando ou escrevendo acabamos tentando decifrar as pessoas e suas emoções pela leitura corporal que fazemos. Nossos cérebros são especialistas em detectarem emoções sutis. Um estudo com professores mostrou que um clipe de dez segundos do rosto ou da voz do professor já era o suficiente para determinar se os professores gostavam e admiravam os alunos em questão. Mesmo com pouca definição é possível que julguem se alguém é confiável ou não ou que reconheçam emoções distintas. Olhos e bocas são as áreas que parecem ser mais reveladoras. A leitura do medo é feita principalmente pelos olhos e a alegria pela boca. O que você pode estar comunicando sem ao menos perceber? O "bom-dia" de alguém já não te soou tão bom assim?

Cuidado ao interpretar emoções, pois gestos são determinados culturalmente; expressões de medo e raiva são comuns em todo o mundo, diferindo na quantidade de emoções que expressam. Ah! Antes que eu me esqueça! Sim, mulheres costumam ser melhores na leitura emocional de pessoas.

Nesta receita para emoções, além de fisiologia e expressão do comportamento, temos a nossa experiência consciente. Carroll Izard (1977) classificou dez emoções básicas: felicidade, interesse-excitação, surpresa, tristeza, raiva, nojo, desprezo, medo, vergonha e culpa. Outros autores podem afirmar mais emoções ou que são combinações entre estas emoções acima. Em PNL, uma das primeiras coisas que aprendi foi calibrar as nossas percepções. Ao invés de adivinhar em que estado emocional você está, posso ter uma foto mental do que percebo em sua fisiologia. Quando em algum momento você apresentar as mesmas características, por calibração, saberei que você está naquele estado. Carroll percebeu alguns padrões que ocorrem naturalmente na infância. Vou descrever algumas abaixo para seu conhecimento:

✳**Felicidade**: boca formando um sorriso, bochechas levantadas, brilho nos olhos;

✳**Raiva:** sobrancelhas franzidas, olhos fixos, boca cerrada;

✳**Interesse:** sobrancelhas erguidas ou unidas, boca suavemente arredondada, lábios fechados;

✳**Nojo:** nariz contorcido, lábio superior erguido, língua para fora;

✳**Surpresa:** sobrancelhas erguidas, olhos arregalados, boca ovalada;

✳**Tristeza:** lados internos das sobrancelhas erguidos, cantos da boca virados para baixo;

✳**Medo:** sobrancelhas no mesmo nível, viradas para dentro e para baixo, pálpebras erguidas, cantos da boca retraídos.

Quando você parou apenas para observar isto? Para treinar sua calibração, retire os rótulos propostos por Carroll, observe a fisiologia: olhos, boca, sobrancelhas, lábios, nariz, respiração. Pergunte à pessoa qual era sua emoção. Meu desafio para você é testar se a fisiologia da pessoa será semelhante caso se coloque naquele estado novamente. Um exercício de detetive pode ser o seguinte:

* Escolha alguém para lembrar um momento em que se sentiu feliz. Calibre a fisiologia;

* Depois solicite que ela escolha um momento em que se sentiu surpresa. Calibre a fisiologia;

* Agora solicite que ele lembre aleatoriamente o estado feliz ou de surpresa. Será que apenas observando a fisiologia você pode descobrir qual o estado que ela escolheu?

Considerando que é impossível não nos comunicarmos, que nossa comunicação é tanto verbal quanto não verbal e que mente e corpo estão interligados e os conceitos acima, como seria para você controlar suas emoções? William James pensou sobre controlar as emoções "passando pelos movimentos que a externam". Assim, para que possas se sentir alegre, deve-se sentar com alegria, olhar ao redor com alegria e agir como se a alegria estivesse ali.

Quando for exercer alguma atividade pode, por exemplo, imaginar você em seu estado emocional desejado. Como estará a posição de seu corpo? Como suas reações internas irão emergir em seu exterior? Como estará a sua respiração? O que você verá, escutará e estará sentindo no ápice de seu estado desejado? Reconheça e aproprie-se disto e então comece a agir.

O que fazer para quebrar um estado emocional negativo? Transitamos de estados emocionais por várias vezes durante um único dia. Nenhum estado emocional considerado ruim durará para sempre. Assim como nenhum estado emocional dito positivo durará para sempre. Certo dia você acorda, tranquilo(a) e descansado(a), mas bate o dedão na beirada da cama e pronto! Um estado emocional domina você por completo, mas a dor passa e logo você está tomando seu café e curtindo o lindo dia e mais uma vez uma emoção te completa, mais tarde seu chefe te lembra do relatório que você se esqueceu de fazer e outra carga emocional quebra a homeostase e o SNA realiza sua função, e assim vamos por todos os nossos dias. Ora, se uma emoção não durará para sempre, pergunte a si mesmo quando consciente de uma emoção forte: "É assim que quero me sentir?" Se sim, reconheça e potencialize o sentimento que está lhe servindo bem. Conecte-se a ele e o contexto que o gerou. Pense como vai ser bom lembrar-se dele depois e como isto pode te ajudar em vários outros contextos que você vai viver naquele dia ou em outros. Caso não queira estar naquele estado com aquela emoção, lembre-se da consciência de que aquela emoção não vai ficar ali para sempre. E permita-se decidir se quer mudar de estado, de emoção. Quando você se permite mudar, para qual emoção você quer ir? Supondo que você tenha sentido raiva e queira sentir alegria. Como você me ensinaria a sair da raiva para alegria? Talvez você queira mudar a sua posição corporal? A feição do seu rosto? As palavras que você está usando? E, quando faz isso, perceba se a raiva diminui e a alegria começa a melhorar.

Parece simples e fácil, mas sei que pode não ser na primeira vez que consiga mudar um botão. Quanto mais praticar, mais fácil vai ficando você estar no controle de suas emoções.

Aproveitando mais um dos pressupostos, busque as intenções positivas ou propósitos das emoções que podem ser "entendidos em termos de efeitos de comportamento emocional no ambiente". (Dilts & DeLozier)

Qual seria a intenção positiva do medo? Positivo aqui não significa "bom". Em PNL esta pergunta é atribuída de que para qualquer ação temos um propósito. O medo pode proteger você de acidentes, impedir que faça algo por causa da punição. Aprendemos nossos medos por nossas experiências passadas ou que aprendemos com nossos familiares ou amigos. Em nossos cérebros, a amígdala é uma estrutura complexa adjacente ao hipocampo que está associada ao processamento de emoções e ao nosso aprendizado do medo. É uma área que se conecta com áreas do córtex que processam informações cognitivas e sistema hipotalâmicos e tronco cerebral que controlam áreas de respostas metabólicas como a dor, sensitividade e respiração. Lesões na amígdala podem levar à perda de controle de emoções e problemas em reconhecer emoções, principalmente o medo.

Existem algumas ferramentas em PNL para trabalharmos com os medos. Acredito que uma das técnicas mais conhecidas é a "Cura Rápida de Fobia". Na visão da PNL, "a pessoa ter um medo não é o problema, mas sim o que ela faz a seguir como resultado do medo." (Dilts & DeLozier)

As técnicas almejam ampliar os mapas das pessoas com algum medo de modo que possam transformar as suas respostas comportamentais e internas sobre um medo em respostas comportamentais e internas mais úteis e/ou colocá-las em uma posição de segurança para que possam avaliar a situação indesejada de modo neutro. Colocar-se em uma metaposição é uma delas. De modo simples, é estar em uma posição fora do contexto conflitante, como um observador, sem julgamentos.

Há muito que eu poderia desenvolver aqui, reconheço que existem teorias sobre emoções e classificações estudadas, que certas expressões ou gestos são semelhantes em diferentes culturas e que nossas experiências pessoais determinam nossas percepções. A PNL nos ajuda com técnicas e estratégias que nos ajudam em como lidar com nossas emoções e muito mais, aumentando nossa flexibilidade de resposta. Espero que os conhecimentos deste texto e estratégias de PNL expostos aqui possam ajudá-lo em sua evolução pessoal e para sua prática, assim como têm me ajudado na minha e das pessoas que oriento. Desejo que seja seu próprio mestre de suas emoções para que tenha mais escolhas saudáveis em seu caminho.

**ferramentas de PNL**

# Viva melhor usando as ferramentas da PNL

**Adriana Chinen**

20

**Adriana Chinen**

Formada em Odontologia pela Universidade de São Paulo. Especialista em Periodontia pela APCD.
*Master practitioner* em Programação Neurolinguística Sistêmica pela PAHC.
Certificação Internacional em *Coaching*, metodologia *Coaching* Pensamento e Ação, pela SBPNL.

(11) 2548-0737 / 97595-8001
adrichinen@gmail.com

Fiquei feliz ao receber o convite para participar deste livro e em dúvida sobre como poderia contribuir. Resolvi, então, compartilhar algumas experiências vivenciadas após meu contato com a Programação Neurolinguística.

Meu aprendizado iniciou-se na PAHC e, logo num primeiro momento, achei incrível como desconhecemos o mecanismo do nosso cérebro e mente. Mais interessante ainda, como a falta de conhecimento e autoconhecimento pode nos levar a carregar "pedras" com sofrimento desnecessário, por, entre outras coisas, ignorar ferramentas úteis capazes de eliminar as "pedras" ou até mesmo carregá-las de forma confortável, se assim desejarmos.

De início, queria obter recursos para tratar pacientes com dificuldade de cooperar com o tratamento odontológico. Alguns por medo, outros por fobia, vários relatavam ter iniciado e abandonado tratamentos. Você pode não acreditar, mas há pessoas que não gostam de dentistas ou de tratamento dentário.

Ao ouvir as histórias durante as consultas iniciais, percebi que essas pessoas entendiam a necessidade do tratamento e queriam executá-lo, porém, a situação não era confortável. Eu decidi que queria ser lembrada por eles como uma profissional que os ajudou a ter uma boa condição bucal e vida mais saudável e não ser associada a situações traumáticas e desagradáveis, mesmo que as condições bucais tivessem ficado satisfatórias. Sendo assim, comecei a estudar PNL.

Os pacientes com esse tipo de limitação aceitaram fazer sessões que denominei de adequação, prévias ao tratamento odontológico proposto. Justifiquei que o objetivo era tornar as consultas menos estressantes para ambos.

Imagino que o cuidado em me aprofundar no metamodelo antes de qualquer intervenção tenha sido crucial. Acredito que esse fator reduziu o número de sessões porque o paciente acabava indicando qual ferramenta seria adequada para o caso dele, naquele momento.

Estar atento aos pressupostos da PNL é um fator que considero importante. Respeitar o modelo de mundo de cada um me fez perceber que nem sempre o estado desejado para o caso, em minha opinião, correspondia àquele esperado pela pessoa. Houve um indivíduo que ao se aproximar da causa do trauma de tratar dentes resolveu que queria apenas amenizar as sensações desagradáveis e pediu para não prosseguir com as sessões até que estivesse pronto para enfrentar certas lembranças da infância. Mesmo assim, foi suficiente para prosseguir o tratamento odontológico e não levamos adiante essa história.

Fato interessante observado é que nem sempre a limitação veio de registro de situação desagradável durante o tratamento odontológico. Surpreendi-me com algumas conexões que o cérebro faz. O odor, as sensações, os sons se misturam de tal forma que, não sei bem como, colocam em igualdade de condição aterrorizante o refeitório do colégio e o consultório odontológico.

Fazer o SCORE das técnicas que podem ser utilizadas foi algo que me ajudou a entender o que cada uma pode oferecer, e aliado ao metamodelo facilita a escolha. Submodalidades, *reimprinting*, âncoras, reestruturação em seis passos foram recursos usados com mais frequência.

Talvez a inexperiência tenha me colocado em situação "desafiante", foi bom como aprendizado. Apesar dos cuidados que acreditei ter tomado antes de escolher a técnica a ser usada, ao aplicá-la a resposta não foi de acordo com o que eu esperava, ou seja, nada parecido com as demonstrações. Houve resistência em prosseguir. Caso o mesmo ocorra com você, permaneça em seu estado Coach, conectado a todos os recursos e procure estar ciente da intenção da técnica, seu TOTS. Criatividade e Linguagem são bons recursos para acessar neste momento, terá que se adaptar à situação, sem abandonar seu cliente no meio do processo.

Como mencionei anteriormente, quero comentar que o treinamento do estado Coach está sendo para mim um grande momento. Tanto na parte profissional quanto na vida pessoal, está permitindo boas descobertas, otimizando meu tempo e minha energia. Quanto perdemos por não estarmos atentos e presentes! Não considero tarefa fácil, principalmente nos dias de hoje, mas é uma prática cujos benefícios ainda nem sei contabilizar.

A ideia inicial ao procurar a PNL era, de fato, facilitar meu trabalho. Porém, logo no início do curso, percebi que seria uma enorme oportunidade de autoconhecimento e desenvolvimento pessoal. No Practitioner, participei de demonstração de cura rápida de fobia. Foi sensacional e agradeço a oportunidade de ter me livrado de momentos desagradáveis e constrangedores causados por fobia relacionada a aves e penas. Durante o Master Practitioner, as descobertas e mudanças foram profundas. Existia também uma consultoria oferecida pelas instrutoras em que discutíamos casos atendidos por nós. Isso me proporcionou um grande aprendizado e segurança para aplicar os conhecimentos na minha clínica e no meu dia a dia.

Temos tantos recursos e ferramentas que podem tornar nossa existência tão útil e feliz. Isso tudo também pode ficar sem valor se for engavetado junto com as apostilas e deixado para ser praticado depois.

Poder usar o conhecimento para contribuir com mudança pessoal e fazer deste mundo um lugar melhor para todos é um objetivo. Cada vez que se consegue dar um passo neste sentido é uma grande felicidade.

Saber que existem pessoas ocupadas com o trabalho de oferecer oportunidade para que o indivíduo possa se aperfeiçoar faz com que eu me sinta confortável e com esperança, confiante na evolução.

**ferramentas de PNL**

# Programação Neurolinguística – Xamanismo – Comunicação

Léo Artese

21

## Léo Artese

Estudioso de Xamanismo com iniciações nos EUA / Peru / Brasil, conduzindo cerimônias, ritos, grupos de estudo e oficinas desde 1990.
Terapeuta holístico e acupunturista.
Fundador e diretor do ESPAÇO – Centro de Estudos de Xamanismo Voo da Águia.
Fundador e presidente do Centro Eclético da Fluente Luz Universal Céu da Lua Cheia.
*Personal professional coach* com certificação da International Coaching Council. Membro da Sociedade Brasileira de *Coaching*
Formação *Master Pratictioner* em Programação Neurolinguística Sistêmica - PAHC.
Palestrante motivacional, consultor de treinamento, especialista em *marketing* e vendas.
Diretor executivo da L&C Assessoria e Desenvolvimento Social e Cultural e Ltda.
Graduação em Gestão de Negócios.
Formado em Locução e Radialismo - SENAC e Mestre de Cerimônias - SENAC.
Contador de histórias.
Professor de comunicação verbal, técnicas de apresentações e *marketing* pessoal.
Escritor dos livros: "O Voo da Águia" e "O Espírito Animal", Editora Roca.

(11) 9984-44431
learteseaguia@gmail.com
www.xamanismo.com.br
www.leoartese.com.br

> *"Minha missão é inspirar as pessoas para que elas possam se conhecer melhor, buscar a felicidade, conectarem-se ao Sagrado e viver em harmonia com todas as relações, com todos os reinos."*
>
> *(Léo Artese)*

Quando ainda fazia a formação em *Master Practitioner* em PNL Sistêmico, com Deborah Epelman, fui percebendo como a ferramenta explorava o funcionamento interno da mente humana; como pensamos, como surgem nossos desejos, objetivos e medos e como buscar motivação, fazer conexões, dar sentido às nossas experiências. Aplico PNL em todas as áreas em que atuo, como professor de oratória, *personal coach* e também como instrutor de xamanismo.

O xamanismo engloba práticas de cura de ancestrais primitivos e indígenas ao redor do mundo. Por meio de sua visão sistêmica, temos como premissa básica o reconhecimento de que fazemos todos parte da família universal, onde tudo está interligado. O praticante apropria-se do espírito essencial que está nele mesmo, na natureza e em todos os seres, ampliando o conhecimento sobre si e sobre a sua relação com o universo.

É possível identificar alguns elementos comuns entre xamanismo e PNL, principalmente os mapas, a criação de mapas, que através de uma viagem mental aborda sentimentos, sonhos, necessidades físicas, emocionais, mentais e espirituais. A PNL é capaz de modelar os elementos críticos de um sistema, pesquisando a relação xamanismo e PNL observei que alguns antropólogos consideram a PNL como uma religião da Nova Era. O médico e antropólogo Jean M. Langford categoriza a PNL como uma forma de magia popular; isto é, uma prática capaz de efetuar mudanças através de efeitos não específicos (por exemplo, o efeito placebo). Para Langford, a PNL é semelhante a uma "sincrética religião popular que casa a magia da prática popular com a ciência da medicina profissional".

Também Bandler e Grinder foram influenciados pelo xamanismo, nos livros de Carlos Castañeda. Várias ideias e técnicas têm sido emprestadas de Castañeda e incorporadas em PNL incluindo chamado de indução dupla e da noção de "parar o mundo" (modelagem). Também li uma definição (Tye 1994) que caracterizava PNL como um tipo de psicoxamanismo.

Os caminhos do xamanismo são, acima de tudo, espirituais. A prática xamânica compreende a capacidade de entrar e sair de estados alterados. No xamanismo considera-se a doença como originária do mundo espiritual. A maior atenção não é dada para os sintomas, ou à doença em si, mas à perda de poder pessoal que permitiu a invasão da doença.

Sentimentos, pensamentos e imagens podem, na realidade, causar liberação de substâncias químicas. Um equilíbrio químico é essencial à manutenção da saúde. As imagens e visões são usadas como instrumentos para reestruturar o significado de uma situação, de modo que ela deixe de criar sofrimento.

As imagens transmitem mensagens compreendidas pelo sistema imunológico. Elas ligam os pensamentos conscientes aos glóbulos brancos. Saúde é estar em harmonia com a visão do mundo. É uma percepção intuitiva do universo e de todas as suas relações.

No xamanismo aprendemos que nos relacionamos de quatro formas fundamentais, com os nossos quatro corpos, físico, mental, espiritual e emocional, através da intuição, pensamentos, crenças, tipo de personalidade. Também temos um relacionamento transcendental com nossos guias, com os espíritos da natureza, elementais, divindades.

Os xamãs compreendem a conexão do corpo, alma e mente de forma sagrada, espiritual. O trabalho do xamã tem efeito terapêutico ao induzir estados alterados de consciência e criar imagens que se comunicam com tecidos e órgãos, e até células, para promoverem mudanças.

A PNL trabalha com a linguagem verbal e não-verbal, no xamanismo aprendi que antes de se praticar o uso da palavra é necessário conferir poder à sua palavra. Antigamente eu acreditava que bastava utilizar palavras de efeito positivo para que pudéssemos alcançar efeitos positivos. Sem dúvida, palavras positivas atraem vibrações positivas. Porém, só existe um meio de você carregar suas palavras de poder, para extrair delas seu potencial mágico, é torná-las sagradas, é colocá-las na prática da verdade.

Quando você pronuncia uma palavra, principalmente com emoção, emite uma energia ao universo. Como toda energia tem movimento, e como tudo o que você emite ao universo acaba voltando ao mesmo ponto, o padrão de vibração que vai vem trazendo na volta vibrações semelhantes para quem as emitiu, como um bumerangue.

Os estudiosos afirmam que os anjos falam metaforicamente, como se fosse a PNL (Programação Neurolinguística). Jesus Cristo falava por parábolas, os Mestres ensinavam através dos contos, usavam a palavra com maestria.

Os mestres xamânicos se expressam poeticamente, metaforicamente. Seus ensinamentos são revelados abrindo o livro da natureza. Uma verdade que se esconde debaixo de cada pedra, de cada folha. A sabedoria ancestral, fruto da observação da vida do homem na Terra, passado de pai para filho, atravessando as eras, formando uma rede de poder, que podemos chamar de egrégora. Das canções de poder, hinos, mantras, *kyrtans*, gregorianos, pontos etc. passa pelo intelecto, mas não para nele.

O poder é atribuído à palavra de acordo com o remetente. Muitos mestres iluminados que já passaram por esta Terra usavam sua palavra para curar. Os xamãs e curadores, sacerdotes, magos etc. fazem seus decretos, usam suas palavras mágicas, ou melhor, suas palavras de poder, sejam declamadas ou cantadas.

O xamanismo, como a mais antiga prática espiritual da humanidade, tem como base em suas práticas o respeito pela ecologia, o reconhecimento do sagrado, a necessidade de expandir a consciência e de se obter respostas em mundos paralelos. Suas práticas estabelecem contato com outros planos de consciência a fim de obter conhecimento, poder, equilíbrio, saúde. Propicia tranquilidade, paz, profunda concentração, estimula o bem-estar físico, psicológico e espiritual.

A interação harmônica dos elementos equilibra a jornada da nossa alma, faz girar a "Roda da Vida" em harmonia. No xamanismo praticado na atualidade estudamos os talentos elementais:

* A **Terra** é relacionada com o corpo físico e com as sensações.
* A **água** é relacionada com a alma e com as emoções e sentimentos.
* O **ar** é relacionado com a mente e os pensamentos e ideias.
* O **fogo** é relacionado com o espírito e associado à consciência, à claridade, à inspiração.

No xamanismo temos recriado ritos que permitem sentir o sagrado, perceber novas dimensões, a profundidade e o sentido que está faltando em nossas vidas. As práticas xamânicas permitem compreender melhor a linguagem do inconsciente ao estabelecer uma comunicação com o nível mais profundo do ser, criando uma atmosfera sagrada que permite ir além do racional e nos modificar profundamente através do amor e da gratidão.

## O processo de comunicação humana

Com o que vemos, pensamos, ouvimos, tocamos, sentimos, criamos uma imagem mental. Ao mesmo tempo forma-se uma reação mental e emotiva, traduzindo esse sentimento em palavras. É uma resposta ao estímulo interno ou externo. Ela está na dependência da atenção. A atenção é uma resposta do interlocutor ao estímulo. Quando produzimos um efeito sem resultados, nos expressamos. Quando transmitimos resultados nos comunicamos.

A comunicação pressupõe um transmissor e um receptor ao menos. Se expandimos o conceito de ser humano em uma abordagem holística, onde temos corpo físico, mental, espiritual e emocional, nós aprendemos que também existe uma comunicação interior, ou seja, a comunicação consigo mesmo.

Alguns restringem a comunicação entre seres humanos, mas o conceito pode ser expandido abrangendo a comunicação com máquinas, animais, plantas, com divindades etc.

A história da humanidade, os conhecimentos, a sabedoria têm sua base na comunicação. Palavras brandas e suaves afastam a ira e palavras cruéis suscitam o ódio.

O maior desafio para o homem deste milênio é harmonizar suas relações e relacionamentos, seja com a família, fornecedores, clientes, alunos, amores, amigos, chefes, funcionários, com Deus, com o cosmos, com a natureza etc., e a grande ferramenta para isso é a comunicação. Isso porque somente através da comunicação é que os homens trocam suas experiências. O nível de progresso na sociedade está diretamente ligado com a capacidade maior ou menor da comunicação entre os povos.

Na sociedade moderna o resultado do avanço progressivo da comunicação pode ser acompanhado desde os gestos e grunhidos até a comunicação via satélite. Desde os primórdios, os homens já possuíam uma necessidade de se comunicar em diversas dimensões do ser. Imagine o homem no "momento zero" da humanidade, tinha pouca informação, um cérebro muito limitado, possuía o necessário para garantir sua sobrevivência, comer e procriar.

A comunicação é a resposta a um estímulo. Se o estímulo é ignorado, não há comunicação, ou seja, uma mensagem que não exerce efeito não é comunicação.

O ato de tornar comum não se limita às coisas externas do indivíduo, mas também a ele próprio, suas ideias, vontades, com a alma. Inclui procedimentos por meio dos quais uma mente pode afetar outra mente, não somente de forma falada e escrita, mas através das artes, símbolos, sons, semblante, toque, olfato, visão, paladar.

Acredita-se que o homem primitivo começou a se comunicar com gestos e grunhidos, expressava emoções de acordo com a intensidade delas, comunicava-se com seus deuses, comunicava-se com a natureza. Depois vieram as escritas nas rochas, tambores, os sons etc.

Uma das chaves da comunicação é a interpretação. Quando as interpretações coincidem, nasce o significado comum, a compreensão. A comunicação é efetiva quando interpretada igualmente entre o transmissor e o receptor. A forma como interpretamos as mensagens que nos chegam e que formam imagens em nossa mente chamamos de percepção.

O significado é o produto final da percepção e da interpretação. Toda a reação cognitiva humana, percepção, imaginação, pensamento e racionalização são esforços para a significação. A comunicação depende da significação comum dos símbolos entre o transmissor e o receptor e a organização dos pensamentos e o vocabulário são essenciais para que a comunicação se proceda. A mensagem deve ser dominada pelo transmissor.

A linguagem é a comunicação compreensiva de pessoa a pessoa. Os limites da linguagem constituem os limites do conhecimento, ou seja, a aquisição de conhecimentos é a parte integrante da comunicação. O conhecimento é comunicável através da linguagem. Linguagem e pensamento estão ligados.

## Roda da Transformação

Todos nós já tivemos decepções na vida e todos nós já vencemos muitos desafios. Quando nos faltam atitudes para enfrentar os desafios que a vida nos coloca, criamos um bloqueio com relação à experiência. Quando tomamos a atitude correta, saímos fortalecidos.

Quando passamos por fases agudas e desafiantes temos, por outro lado, uma grande oportunidade de conhecer melhor como funciona nosso sistema de autodefesa, nossa autoestima, nossos reflexos condicionados, limitações, assim como podemos colocar à prova as nossas convicções.

Literalmente, um trauma, no nível físico, é provocado por um ferimento, uma pancada. Emocionalmente, experiências frustrantes podem acarretar bloqueios que podem ser chamados de medo, timidez, culpa, desânimo, sensação de incapacidade, baixa autoestima etc., que fazem com que a pessoa viva com as sombras do passado e com insegurança e medo do futuro, que interferem no caminho do coração.

Programações negativas do modelo de criação, experiências negativas do passado, preconceitos, abusos, assaltos, acidentes de carro, separações, traições, falsidade etc. contribuem para esses sintomas.

A Roda da Transformação não tem a pretensão de substituir nenhuma terapia especializada e sim fornecer uma ferramenta espiritual, criando "rodas interiores", que ajudam a neutralizar os efeitos das sensações negativas sobre os acontecimentos do passado, através da meditação ativa, que permite criar uma "nova realidade", criando um ambiente de mudança baseada no sagrado.

Passo-a-passo:

*Fique em pé.*

*Primeiramente pense numa situação em que viveu um acontecimento traumático, indesejável, vergonhoso, enfim, onde sentiu sua expressão tolhida, sua fé pessoal abalada ou menosprezou suas capacidades e talentos.*

*Ao dar foco à situação, visualize uma roda à sua esquerda e entre nela dando um passo para esquerda. Agora vivencie essa situação colocando toda a força da sua memória, com os cinco sentidos, dando vida e trazendo as emoções do passado para o presente, de forma a impregnar esse círculo com essa situação desagradável.*

*Ao sentir que essa roda já está impregnada com esse acontecimento, que chamaremos de Roda do Passado, dê um passo para a direita, saindo da Roda.*

*Como um observador(a), sem entrar na emoção, olhe para a Roda da Esquerda e veja quais recursos te faltaram para sair em equilíbrio da situação, tais como: motivação, determinação, coragem, força de vontade, confiança etc. Escolha inicialmente três principais.*

*Em seguida, visualize sua Roda da Transformação bem à sua frente. Veja como ela é: colorida, flexível, brilhante, fosca etc.*

*Separe o primeiro recurso. Relembre em qual situação de sua vida teve a oportunidade de contar com esse recurso e quando tiver clareza entre na Roda da Transformação dando um passo à frente e reviva a experiência com toda a emoção até sentir que a Roda está impregnada com esse primeiro recurso.*

*Repita o mesmo passo com os outros dois recursos.*

*Quando estiver com os três recursos impregnados, dê um passo atrás, trazendo consigo sua Roda da Transformação e, imediatamente, dê um passo para a esquerda depositando sua Roda no círculo traumático e visualize a situação, só que agora com os três recursos que faltavam. Veja como fica a cena, ao mesmo tempo em que medita na palavra "reprogramando". Sinta seu corpo, sua mente, a alegria de estar livre de uma programação.*

*Novamente dando um passo para direita, coloque outra vez sua Roda bem à sua frente. Visualize uma linha imaginaria após a sua Roda que divide o tempo em passado e futuro. Projete a situação lá no seu futuro... como irá reagir agora?*

*Sente-se e medite sobre a experiência.*

### A missão da alma

Quando as metas que traçamos estão em consonância com a missão da alma, o universo conspira a favor. Quando se aproxima o verdadeiro propósito da alma, tudo da natureza interior vem à tona. A pessoa entra em um processo mais rápido de transformação pessoal. Quando convidamos o amor para despertar poderes mais profundos, trabalhar nos desafios torna-se uma aventura.

No xamanismo treinamos para assumir a responsabilidade final pelas nossas criações. Culpar outros pelas nossas frustrações humilha nosso espírito, e nos faz sentir desesperançados e fracos. Nesta era em que vivemos, buscamos compreender Deus não somente nos grandes mestres, mas integrando o seu poder em nossas mentes e corações. Isso é uma grande responsabilidade! Assumindo essa responsabilidade pessoal, nos capacitamos a tomar decisões lúcidas sobre o que queremos e desejamos.

Quando perguntamos:

– Devo mudar de trabalho/carreira?

– Por que meus relacionamentos não dão certo?

– Por que não acho a pessoa certa?

– Qual é a finalidade de minha vida?

– Por que eu mereci isto?

– Por que sinto um vazio?

Na verdade, estamos perguntando a nós mesmos qual é a direção de nossa alma e como podemos unir essa direção à nossa personalidade, ou seja, buscamos harmonizar o nosso caminho com o nosso destino. Cada um de nós tem seus impulsos, sentimentos e necessidades específicas, e cada um tem sua direção correspondente para a alma viajar na "Estrada da Vida", assim como um destino para atingir (toda viagem tem um destino!!!) dentro de um determinado tempo de vida.

Nessa jornada nos deparamos com desafios, obstáculos, relacionamentos, provas, família etc., que influenciam na direção da nossa personalidade e que podem nos tirar do verdadeiro caminho que a alma traçou para viajar. Deparamo-nos com bifurcações.

Nossos conflitos internos surgem quando a alma se distancia do caminho verdadeiro, nos levando à tristeza, depressão, raiva, impotência, um vazio profundo. Dizemos até a expressão popular "vontade de sumir do mapa".

Nosso grande desafio é descobrir a estrada da alma na qual a nossa personalidade possa prosperar. A prosperidade é o sinal de uma integração entre a alma e a personalidade. Nossa alma, que conhece o passado, sabe o que a vida precisa para continuar o estudo que foi deixado em outras vidas. Nossa alma é a força primordial, por trás de nós, que forja o nosso destino infinito.

Uma missão não é algo que se force a fazer, ou é criada a partir de suas preocupações atuais. É algo profundo que só pode ser descoberto interiormente. Ao descobrir sua missão você pode ter a certeza de que as metas buscadas são suas. Descobrindo a sua missão, e vivendo-a, ela unificará seus interesses, ao mesmo tempo em que se desenvolve. A lição fundamental:

**Faça o que gosta de fazer.**

Quando as pessoas percebem que sua vida está terminando e olham para trás é fácil ver como muitos sonhos não foram cumpridos. A maioria das pessoas não tinha honrado nem a metade dos seus sonhos e morreu sabendo que era devido às escolhas que fez ou não fez.

A maioria não percebe que felicidade é uma escolha. Fica presa em velhos padrões e hábitos. O chamado "conforto" da familiaridade sobrepôs as emoções das pessoas, assim como suas vidas físicas. Medo da mudança as levaram a fingir para os outros, e para si mesmas, que estavam contentes.

Nossa missão na vida reflete quem somos e orienta nossa maneira de agir no mundo. Aproveite o tempo de plantar da primavera para semear seus sonhos. Nunca é tarde demais enquanto lhe resta tempo para viver. Ela é o propósito que o atrai para o seu futuro, unifica suas crenças, é a noção de quem você é.

Quando você vive sua missão, fica entusiasmado, concentra-se em desenvolver habilidades, busca realizar incansavelmente essa missão com todo o vigor, que cria um poder. E fará isto dia por dia. O descontentamento de tanta gente com seu trabalho as leva a uma vida dividida. A missão é um motivo profundo para estarmos vivos. Pergunte a si mesmo se tem um emprego ou está realizando um sonho. Você possui uma combinação única de desejos, interesses, habilidades desenvolvidas, e também vastos talentos por serem desenvolvidos. Descobrindo a missão e vivendo-a ela unificará seus interesses, ao mesmo tempo em que se desenvolve.

Pense quais são os valores mais significativos. Veja você fazendo coisas que goste de fazer. Veja as cenas, guardando as imagens que representam seu propósito e sua missão.

Pergunte a si mesmo: isto representa o que sou?

De que forma, cumprindo minha missão, eu vou ter uma boa vida?

Agora declare a missão: minha missão na vida reflete quem sou, e orienta minha maneira de agir no mundo.

No meu aprendizado a busca de uma declaração, que sintetiza a missão, afirma o propósito de vida, traz uma dinâmica, clareza e foco e ajuda a enfrentar os desafios transformando-os numa aventura a ser vivida. É a clareza de que precisamos para tempos melhores.

Acredito que o xamanismo e a PNL oferecem ferramentas suficientes para estimular e inspirar aqueles que buscam enfrentar os desafios da vida, a tomada de decisões e as transformações necessárias para a saúde da alma, da mente e do corpo.

## ferramentas de
# PNL

# Jornada do Herói: como a PNL pode auxiliar na descoberta da sua missão de vida?

Claudio Shen

22

**Claudio Shen**

*NLP master trainer* e *coach* focado no aumento da performance pessoal e profissional para uma vida plena, saudável e próspera.

Tem como missão ser um agente de transformação pelo conhecimento por meio do saber para fomentar a construção de um mundo mais evoluído, unido e amoroso pelo bem-estar de todos.

Formado no MBA em Gestão de Projetos e Processos Organizacionais, Master Trainer em PNL, Generative & Professional Coaching, Hipnose Clássica e Ericksoniana, além de diversas outras abordagens integrativas e sistêmicas.

Coautor dos livros: "PNL para Professores", "Bíblia do Coaching" e "PNL nas Organizações", Editora Leader.

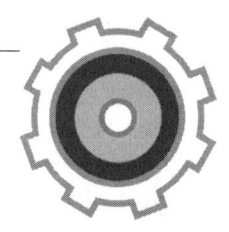

(11) 98481-5030
contato@claudioshen.com.br
www.claudioshen.com.br

## Introdução

1) Em uma sociedade cercada por compromissos comuns da grande metrópole em que moro, eu, Claudio Shen, vivia uma vida em que a minha constante era acordar, ir para o trabalho, para a faculdade e, então, regressar para meu lar e repousar... Todos os dias.

2) E foi nesta história comum, que um belo dia a minha amiga Martha Higashi me apresentou uma linha de desenvolvimento pessoal intitulada "Formação Practitioner em PNL Sistêmica" que poderia auxiliar em meus desafios pessoais e profissionais.

3) Mas, nesse período, não buscava uma "formação". Não tinha a menor pretensão de me tornar terapeuta, *coach* ou seja lá o que aquele curso formava, isto definitivamente não estava nos meus planos.

4) E a minha amiga, de maneira muito acolhedora, explicou que aquela "formação" não era, necessariamente, apenas para pessoas que buscavam ser terapeutas, *coaches*, mas uma maravilhosa oportunidade para quem procura melhorar como SER HUMANO em todos os sentidos de sua vida.

5) Foi neste momento que resolvi mergulhar no novo mundo chamado PNL, através de uma então desconhecida empresa chamada PAHC e onde pude aprender muito com a minha mentora, Sueli Cassis.

6) Um mergulho para um intenso treinamento de autodescobertas, novos amigos, novos aprendizados, enquanto a minha mesma vida continuava a correr em paralelo. Uma formação com conteúdo extenso e dinâmicas bastante envolventes, que transmitiam conceitos relativamente simples, mas que começavam a fazer a diferença no meu dia a dia.

7) E, a cada encontro, eu me deparava com meus próprios medos, frustrações, limitações, crenças. A cada dinâmica, era uma oportunidade mágica de trabalhar desafios de uma nova maneira... enfrentando meus verdadeiros dragões que me impediam de ser feliz.

8) Quando, enfim, entendi que nós temos todos os recursos capazes de ressignificar, mudar nossos próprios dragões e, melhor ainda, perceber que meus dragões eram apenas estratégias aprendidas ao longo de minha história pessoal e que, a partir de então, tinha instrumentos para realizar novas escolhas.

9) E este foi o meu treinamento realizado com muita dedicação e que

culminou na minha formação, ou melhor, transformação, como *practitioner* em PNL Sistêmica.

10) E era chegado o momento de regressar para o meu antigo mundo e aplicar todo meu aprendizado.

11) Um dos meus grandes aprendizados foi justamente continuar estudando, me conhecendo, me curando, o que me levou à formação internacional como *master practitioner* em PNL com a Deborah Epelman, Sueli Cassis e Fernando Santana pela PAHC/NLPU e, em seguida, às minhas certificações internacionais de *trainer* e consultor em PNL e *master trainer* em PNL diretamente com Robert Dilts, Judith DeLozier e tantos outros mentores da NLP *University* em Santa Cruz (Califórnia - EUA).

12) Todas estas formações e muitos outros cursos permitiram que eu pudesse escolher uma nova forma de viver a vida, uma nova filosofia de vida recheada de pressupostos, técnicas e estratégias, baseadas nos estudos de pessoas que fizeram e fazem a diferença neste meu mundo. Seja na minha vida pessoal ou na profissional, a PNL me auxilia a explorar o melhor que existe dentro do meu "eu" e nas pessoas que fazem parte do meu dia a dia, trazendo como resultado uma vida com muito mais sentido, harmonia, produtividade, e tantos outros adjetivos, que fazem da PNL meu grande instrumento de alavanca pessoal e profissional... E hoje, como *master trainer* em PNL Sistêmica, é a minha vez de fazer a diferença neste mundo ensinando a filosofia de vida chamada PNL!

E com esta introdução em 12 passos, que descrevem brevemente a minha real história pessoal, temos uma excelente oportunidade para que se possa falar agora de um instigante e avançado tema da PNL.

### A Jornada do Herói

Em paralelo com as teorias de Carl Jung sobre os arquétipos e o inconsciente coletivo, o "Monomito" ou "Jornada do Herói" é um conceito elaborado pelo antropólogo norte-americano Joseph Campbell que traz o estudo onde certos temas, histórias, mitos da humanidade estão interligados por uma espécie de elo comum.

Os mitos, segundo Campbell, são metáforas da potencialidade espiritual do ser humano. Os mitos são relatos expressivos de tempos imemoriais, de acontecimentos, vivências e fenômenos cuja origem, muitas vezes, está oculta dentro da história da nossa humanidade.

Explicando de uma forma mais didática, é como se existisse uma história oculta dentro das outras histórias, que tem características específicas com que o ser humano se identifica (consciente ou inconscientemente), gerando uma considerável conexão ou empatia, e através da mesma seria possível estruturar qualquer história como se fosse um roteiro básico.

Através das pesquisas de Campbell, o antropólogo descreve as semelhanças dos percursos da vida em termos de passos ou etapas da "Jornada do Herói" e que podemos resumir de maneira livre, nos 12 passos a seguir:

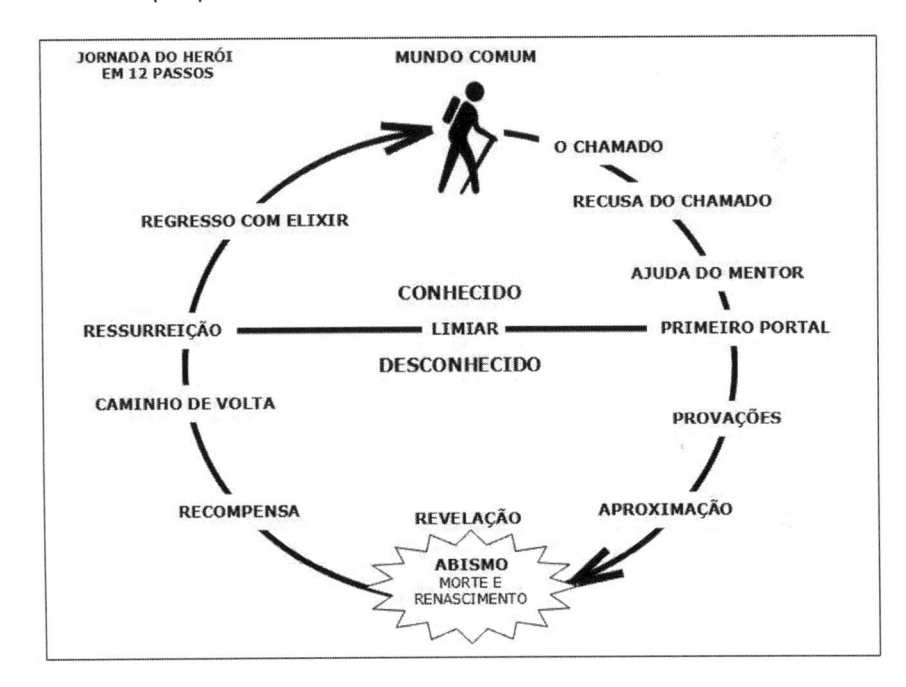

**Passo 1 – O Mundo Comum**, que é o cenário normal em que vive o herói antes de a história começar.

**Passo 2 – O Chamado da Aventura**, onde um problema, desafio ou aventura é apresentado ao herói.

**Passo 3 – Recusa**, reticência **do Chamado** pelo herói em aceitar o chamado.

**Passo 4 – Encontro com Mentor** que auxilia o herói no seu processo de aceite do chamado.

**Passo 5 –** Cruzamento do **Primeiro Portal** e o herói abandona o mundo comum para entrar no mundo especial e, às vezes, desconhecido.

**Passo 6 – Provações**, testes, aliados e inimigos com que o herói se depara de maneira a aprender como funciona o novo mundo.

**Passo 7 – Aproximação**, onde o herói obtém êxito na fase anterior e se aproxima do seu grande desafio.

**Passo 8 –** Provação difícil ou traumática onde ocorre o clímax da aventura, e o herói enfrenta o **Abismo** entre a vida, morte e/ou renascimento.

**Passo 9 – Recompensa**, após enfrentar seu grande desafio, o herói agora ganha a recompensa, "o elixir" da aventura.

**Passo 10 –** O **Caminho de Volta**, onde o herói precisa retornar para o mundo comum.

**Passo 11 – Ressurreição do Herói,** onde o herói pode passar por um novo teste e deve aplicar todo aprendizado.

**Passo 12 – Regresso com o Elixir**, o herói volta para casa com o "elixir" da aventura e usa para ajudar o mundo comum.

O trabalho de Campbell tem influenciado muitas pessoas no sentido de auxiliar a criação de roteiros e histórias envolventes e cativantes, como, por exemplo, o filme "Star Wars", do George Lucas, o filme "Matrix", dos irmãos Wachowski, e na introdução deste artigo, com a minha história pessoal.

Na PNL, uma metáfora é uma narrativa estratégica capaz de promover transformação e mudança, permitindo que o cliente acesse recursos necessários para enfrentar seus desafios pessoais. O significado da metáfora não está nos eventos específicos que compõem seu conteúdo, mas nos padrões ou princípios subjacentes que ela transmite.

Com base nestes dois conceitos, isto é, metáfora e Jornada do Herói, começamos a compreender que o valor por trás da estratégia de redigir uma metáfora levando em consideração os passos da "Jornada do Herói" está relacionado à possibilidade de uma profunda conexão inconsciente capaz de promover mudanças nos níveis neurológicos da identidade e, dependendo da abordagem, até no nível que transcende a identidade.

Uma metáfora avançada elaborada através da Jornada do Herói pode ser capaz de despertar o cliente quanto a sua verdadeira missão de vida, ou, ao menos, a chama de mudanças capaz de motivar, de dentro para fora, o desejo de aceitar o chamado de descobrir qual seu real propósito de vida.

## Missão de Vida

Embora o estudo de Campbell aponte que no começo da jornada temos um foco no chamado, uma forma muito comum de despertar este chamado é a apresentação de um desafio inicial que tira o herói da sua zona de conforto.

A PNL estudou este aspecto e elaborou uma interessante estratégia para ajudar a explorar e preparar para lidar com estes contextos em que se apresenta um desafio inicial para dar início à jornada, como por exemplo... os fatores limitantes na busca da sua **MISSÃO DE VIDA.**

A estratégia descrita a seguir é um desmembramento simplificado de técnicas avançadas presente no curso de *Master Practitioner* em PNL Sistêmica de 3ª Geração, mas com direcionamento específico para explorar a questão da **MISSÃO DE VIDA.**

Muitas pessoas, ao longo da sua vida, passam por processos de crescimento pessoal e uma questão comum que vem à tona é: **QUAL É MINHA MISSÃO NESTA VIDA?**

E, da mesma maneira que este questionamento vem à tona, é muito comum que venha também um desafio, um verdadeiro dragão que impede perceber qual é o tesouro que se esconde na resposta desta pergunta.

Uma estratégia interessante pode ser se perguntar: Que desafio é este que te impede de ir à busca da sua missão e está relacionada ao contexto atual?

Este passo inicial auxilia a identificação do estado atual, perceber exatamente qual, ou o quê, é o real desafio atual e também perceber qual é o perfil psicológico que vem à tona diante deste cenário.

A partir do trabalho de Carol Pearson e Judith DeLozier, a PNL Sistêmica desenvolveu um estudo usando classificação espacial, sintaxe somática e adjetivos caracteriológicos, para reconhecer alguns arquétipos comuns apresentados pelo ser humano diante de grandes desafios ou dragões de sua jornada.

O termo arquétipo é de origem grega e significa "a impressão de uma marca, de um molde ou modelo original". Os arquétipos refletem nossas representações humanas como possibilidade do inconsciente coletivo, um potencial pelo qual podemos assumir nossos papéis e aspirações fundamentais.

De maneira resumida temos os seguintes arquétipos apresentados diante deste contexto com uma breve análise direcionada à descoberta da Missão de Vida:

1. O **dragão** é o grande desafio e requer a identificação clara da questão que está se apresentando diante do fato de descobrir o propósito.

2. O **inocente** está inconsciente ou age de maneira inconsciente em relação à existência do dragão e nem tem uma missão de vida.

3. O **órfão** é um abandonado, oprimido, dominado pelo dragão. É como se a realidade atual o consumisse para não ver que existe uma missão a ser cumprida.

4. O **mártir** apresenta um sentimento de perseguição pelo dragão, podendo extrapolar para uma sensação de vítima e revolta por não acreditar que está acontecendo com ele.

5. O **peregrino** ou andarilho evita o dragão, não poupando ações no sentido de se movimentar para não confrontar com o dragão, muito menos com sua missão.

6. O **guerreiro** luta, quer derrotar, controlar, matar o dragão para ter o controle da situação e ir de encontro a sua missão.

7. O **feiticeiro** ou mágico é um arquétipo imerso à habilidade de transformação e magia. O feiticeiro aceita o dragão e, fazendo isso, transforma o dragão e se transforma.

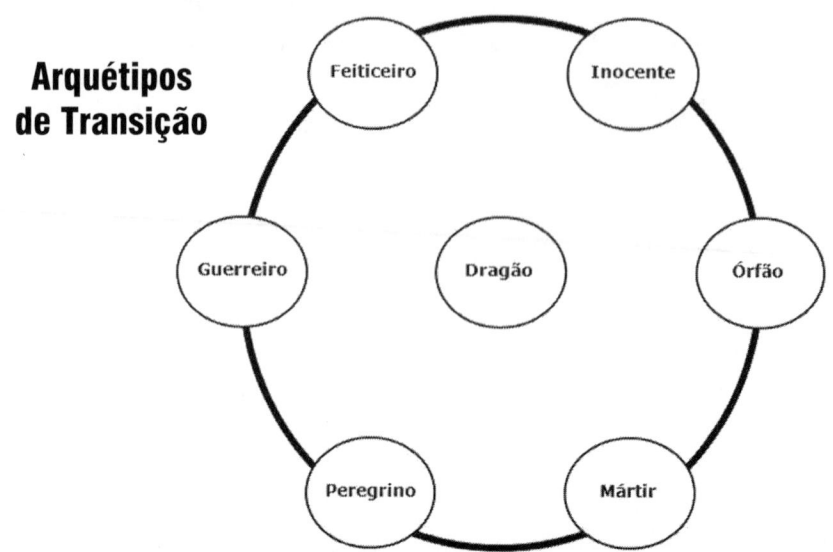

**Arquétipos de Transição**

Com base na expansão de consciência deste estado atual diante do seu dragão, podemos compreender e tratar o nosso estado interno que está impedindo de lidar com este dragão que bloqueia a descoberta da sua **Missão de Vida**.

Uma vez superado este passo, a próxima etapa é identificar o marco que delimita os dois mundos que existem neste processo de sair do mundo comum e mergulhar no novo mundo que se abre como a descoberta da Missão de Vida. As características desta fronteira costumam afetar o aceite do "chamado" impedindo que o herói saia da sua zona de conforto, por mais limitante que isto seja.

De posse desta compreensão, uma estratégia eficaz para a definição do propósito de vida talvez seja perceber como seria imaginar em quem o herói se tornará com o aceite deste "chamado".

Imaginar como se tornará com a aceitação deste "chamado" costuma empoderar o herói e ajudar no seu mergulho de autodescobertas. Geralmente esta percepção futura é simbólica ou metafórica, e afeta diretamente o inconsciente do herói.

A próxima fase para fornecer subsídios para superar o desafio, atravessar a fronteira e atender o chamado, é uma análise de recursos atuais e necessários para ser possível pensar em novas estratégias para conseguir lidar com o cenário atual.

Com a identificação dos recursos necessários, o passo seguinte é explorar os mentores ou guardiões que podem auxiliar nesta jornada. Os mentores ou guardiões são personalidades (reais ou metafóricas) capazes de apadrinhar a jornada onde temos acesso a mensagens, orientações, conselhos que proveem suporte no processo de transformação e mudança.

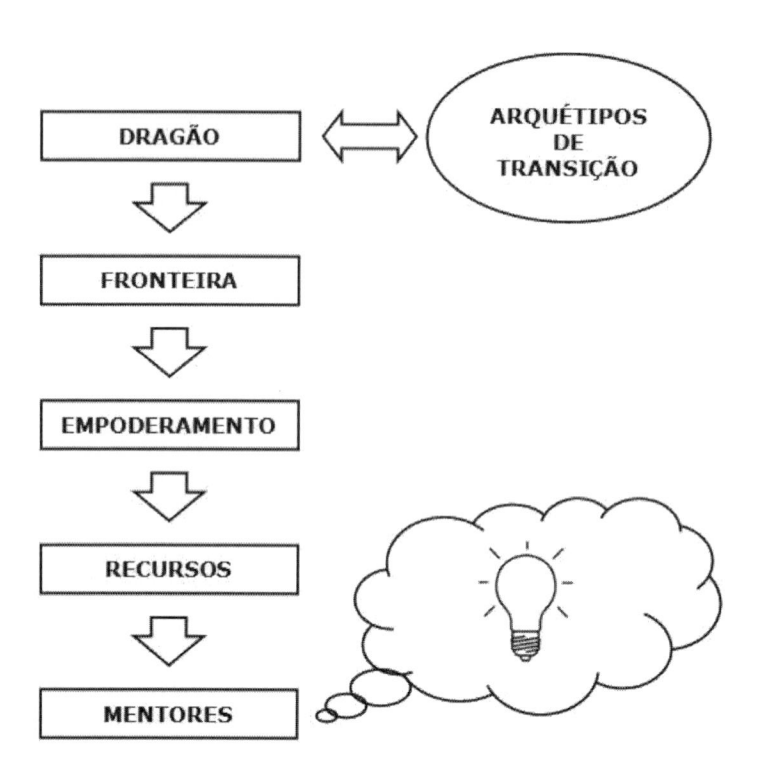

```
┌─────────────┐         ╱──────────╲
│   DRAGÃO    │ ⟺      │ ARQUÉTIPOS │
└─────────────┘         │     DE     │
      ⇩                 │  TRANSIÇÃO │
┌─────────────┐         ╲──────────╱
│  FRONTEIRA  │
└─────────────┘
      ⇩
┌─────────────┐
│EMPODERAMENTO│
└─────────────┘
      ⇩
┌─────────────┐
│  RECURSOS   │
└─────────────┘
      ⇩
┌─────────────┐
│  MENTORES   │
└─────────────┘
```

O mapeamento simplificado descrito permite que seja possível identificar claramente o que está impedindo de declarar o seu propósito de vida e, de maneira sistemática, estruturar meios para romper os limites para iniciar uma grande jornada de crescimento pessoal.

## Conclusão

Ao longo deste breve estudo foram apresentados conceitos avançados da PNL em que a Jornada do Herói e a PNL colaboram para a descoberta da Missão de Vida.

A descoberta da Missão de Vida para muitos é uma forte fonte para alavanca pessoal e profissional, e que permite expansão de resultado e aumento de *performance*.

Para concluir, a Jornada do Herói com a PNL traz ferramentas para profundas mudanças e aprendizados nos níveis da identidade, além de um maravilhoso convite para fazer a diferença neste mundo de autodescobertas.

**REFERÊNCIAS BIBLIOGRÁFICAS**

Campbell, J. O Poder do Mito. São Paulo: Palas Athena, 1990.

Dilts, R; DeLozier, J. Encyclopedia of Systemic NLP and NLP New Coding em http://nlpuniversitypress.com acessada em 08/01/2016. 2000.

Gilligan, S; Dilts, R. The Hero's Jorney – A Voyage of Self-Discovery. Wales: Crown House Publishing, 2009.

Rincón, L. E.. A Jornada do Herói Mitológico. In: II Simpósio de RPG & Educação. São Paulo: Uninove, 22 a 24/09/2006.

**ferramentas de**
# PNL

# As linhas do Tempo na pesquisa transderivacional
## Uma viagem no Tempo, através do Tempo, no seu Tempo...

Patrícia Cukier

23

## Patrícia Cukier

Graduada como *master practitioner* no curso de Programação Neurolinguística Sistêmica elaborado pela NLPUniversity e ministrado pelo Instituto PAHC – Sociedade Brasileira de Comunicação e Autoconhecimento. Atualmente em processo de bacharelado em Psicologia pela FMU. É também bacharel em Design de Moda pelo SENAC.

Coautora do livro "PNL nas Organizações", Editora Leader, que apresenta o tema "Autopoiesis a favor da geratividade", como um processo que modela o desempenho da capacidade individual de autocriar, utilizando as técnicas da Programação Neurolinguística (PNL) e oferecendo estratégias para turbinar a sua equipe.

Coautora do livro "PNL para Professores", Editora Leader, que apresenta o tema "Estilos de aprendizagem e apadrinhamento", com técnicas para apadrinhar seu aluno, reconhecer e validar a essência, identidade dele ou de seu grupo, utilizando técnicas de Programação Neurolinguística (PNL) para auxiliar o professor no exercício de sua profissão, tornando suas aulas mais eficazes.

Palestrante, terapeuta e *coach* em PNL Sistêmica. Atualmente disseminando o conhecimento da Programação Neurolinguística Sistêmica para os alunos de graduação do curso de Psicologia da FMU com a missão de validar o saber da PNL Sistêmica como uma ciência comportamental.

contato.pcpnls@gmail.com
www.pnlsistemica.com

**ferramentas de PNL**

Dedico esta obra aos meus queridos amigos, ao meu companheiro de vida, meus pais de alma e coração, aos familiares fundamentais e mentores exímios que me inspiram e encorajam para que eu possa seguir a me desenvolver profissionalmente, mas, especificamente, como ser humano nesta jornada repleta de aventuras.

Meu encantamento pelo universo da **PNL Sistêmica** foi imediato, quando conheci a **dra. Deborah Epelman**, num momento específico da minha vida pessoal que buscava soluções terapêuticas para inúmeros desafios. Alinhei meus propósitos internos e vivenciei o poder desta 'nova' abordagem teórica que busca a excelência comportamental por meio de contextos transpessoais e fenomenológicos. Foi a Deborah quem me inspirou e ofereceu uma oportunidade para me especializar e mergulhar no universo da PNL Sistêmica em seu Instituto PAHC – Sociedade Brasileira de Comunicação e Autoconhecimento. Foi lá que conheci minha segunda mentora, a **Sueli Cassis**, querida professora e amiga. Entretanto, estas palavras lidas e marcadas através do tempo jamais seriam possíveis se **Andréia Roma** invalidasse meu potencial e conhecimento. Grande colega de jornada e exemplo de competência, que tem me dado o suporte para seguir plantando as sementinhas sistêmicas... Atualmente, posso dizer com propriedade que a PNL Sistêmica está instalada e incorporada em cada molécula do meu **ser sistêmico**, tanto que difundir os conhecimentos da PNL Sistêmica, auxiliar a comunicação e o autoconhecimento do ser humano em sua subjetividade faz parte de minha missão, pois se existe algo fundamental para o aprendizado da PNL Sistêmica é vivenciar para poder ensinar e passar adiante. Portanto, é com muito orgulho e satisfação que expresso gratidão por ser apadrinhada por excelentes professores e profissionais e por fazer parte da geração de 'jovens' da PNL Sistêmica no Brasil.

**Normal é fazer o que faz a maioria**. O normal varia por questões de contexto, cultura e indivíduo. **Comum é o que muitos fazem**. O comum acaba caindo na normalidade, então se entende que algo normal é correto. Só que muitas vezes **o correto para você pode não ser correto para o outro**. Isto é, buscamos constantemente, de forma consciente ou inconsciente, influenciar a realidade em que vivemos positivamente ou negativamente, modificando e transformando o desenvolvimento e o comportamento humano. Costumo dizer que **o conhecimento é o legado mais precioso que o homem deixa para a humanidade**, sendo assim, convido você a descobrir na leitura deste capítulo algumas visões que contribuem para o alcance de um modelo de excelência comportamental.

## As linhas do tempo

Agora, neste momento, faremos uma viagem no tempo, através do tempo, no seu tempo, da forma que for mais confortável para você compreender como as linhas do tempo se relacionam com os processos de *reimprinting*, **pesquisa transderivacional, mudança de história pessoal e ponte ao futuro** no âmbito terapêutico, visando alcançar um modelo explícito de excelência comportamental. Lembrando que, para que haja uma transformação, é necessário ressignificar a situação-problema de forma ecológica e sistêmica, mas tudo será explicado no tempo certo.

Quando falamos de **linha do tempo,** muitos processos internos inconscientes são realizados para compreender esta informação, pois ela pode se relacionar de diversas formas de acordo com o **mapa** (referenciais de modelo de mundo interno) e **sistemas representacionais** de cada um. Você pode, por exemplo, acessar a sua conta bancária no final do mês e visualizar o histórico de experiências gastronômicas que teve como uma linha do tempo, ou, ainda, lembrar-se dos seus momentos de criança, quando lia aqueles livros didáticos repletos de ilustrações contando sobre a história mundial e suas civilizações. Entretanto, a forma mais comum de se relacionar com a linha do tempo é inserindo-se nela, imaginando um filme de nossa vida numa sequência cronológica dos acontecimentos mais marcantes e memoráveis.

Consideradas uma das ferramentas mais utilizadas na PNL, as **linhas do tempo** podem ser trabalhadas fisicamente como uma espécie de **âncora espacial** e/ou por meio de uma **construção mental criativa** compreendida pela imaginação. Isto é, tornar o inconsciente consciente, para gerenciar e **reconhecer o estado atual** que pode ser de grande valia para ampliar as perspectivas do cliente, **levando-o ao estado desejado**, facilitando assim uma possível ressignificação dos processos internos.

De acordo com a visão da PNL, é subjetiva a forma como as pessoas representam e se relacionam com o passado, presente e futuro, tal como ordenam os eventos no seu próprio tempo manifestando pensamentos, emoções e planos. Sendo assim, alguns questionamentos sugerem diferentes perspectivas enquanto seres viventes na subjetividade do tempo. Afinal, **você se considera uma pessoa que está vivendo no tempo ou através do tempo?** Qual é a qualidade atribuída para este que rege nossos comportamentos? Tais indagações sugerem que podemos estar vivendo no passado ao resgatar memórias da infância ou ao sentir melancolia por tristes lembranças. O presente pode estar sendo aproveitado no momento do agora nesta leitura ou simplesmente ao curtir a música que está tocando ao entrar no elevador. Algumas pessoas ansiosas têm a tendência de viver através do tempo pelo tipo de programação interna, constantemente fazendo planos e pensando no futuro, na lista do supermercado da semana que vem, no próximo beijo, na próxima consulta ao médico, na prova final do semestre, na próxima viagem. Entretanto, é importante ressaltar que a construção de metas e objetivos é natural e comum, mas se difere de processos nos quais constantemente o indivíduo é prejudicado nas suas atividades diárias por estar ansioso na maior parte do tempo, podendo ser inclusive diagnosticado com algum tipo de transtorno de ansiedade (DSM-V, 2013).

Pense no 'agora'. Como você sabe que é 'agora'? Quão grande é o 'agora'? Quando você pensa no 'agora', ele é grande ou pequeno? Quando você pensa sobre o tempo, qual a direção do 'passado' e qual a direção do 'futuro'? Por exemplo, o passado está atrás de você, está a sua esquerda, ou em outro lugar? Busque recordar-se de algo que comeu ontem, de uma conversa com alguém na semana passada e um evento que ocorreu há um ano. Como você sabe que uma coisa aconteceu há um dia e a outra há um ano? Como você representa a distância no tempo entre os diferentes eventos?

## A regressão no tempo & o *reimprinting*

Se o tempo é subjetivo, pois depende do mapa de cada um e relativo quando comparado com recordações do passado, eventos do presente e ou representações mentais do futuro, estes nos incitam sintomas mentais e emocionais. Sendo assim, os resultados evocados de uma memória podem ser reconhecidos como uma regressão no tempo da perspectiva de um **observador**. Um **sintoma no presente** é frequentemente o resultado de uma regressão no tempo para um evento no passado, pois ela reage inconscientemente no presente como tem feito desde um tempo anterior em sua vida, repetindo muitas vezes fragmentos de *imprints* ("marcas psíquicas" para os psicanalistas ou "carimbos" no popular) **vividos no passado**.

O *imprint* foi amplamente estudado e popularizado pelo biólogo **Konrad Lorenz** (1903-1989) para descrever situações nas quais um animal ou pessoa aprende as características de um estímulo que pode ser considerado "carimbado" ou aprendido por relações filiais ou sexuais. Lorenz foi capaz de prever o comportamento de gansos, uma vez que **replicassem os primeiros estímulos recebidos**, fossem eles de um ser humano ou outro animal que pudessem criar um vínculo filial. Portanto, o *imprint* é um termo utilizado na Psicologia que descreve qualquer tipo de sensibilidade para aprendizagem em uma determinada idade ou fase da vida (Papalia, 2014). Relacionando-se com uma experiência ou um período de tempo significativo do passado, no qual uma pessoa formou uma crença ou um conjunto de crenças, em geral relacionadas com sua identidade.

Como um exemplo, Sofia quando pequenina ficou curiosa para saber o que havia dentro da bolsa de sua mãe. Lambuzou-se com o batom vermelho, brincou com as chaves como se fosse um chocalho e abriu a carteira em que havia alguns cruzados. Em seguida, sua mãe entra na sala e a vê com as notas de dez nas mãos levando-as à boca. Naquele momento a mãe de Sofia rapidamente arranca o dinheiro das mãos de Sofia e grita: "Dinheiro é sujo minha filha, não brinque com isso!" Sofia, frustrada com a situação e sem entender a bronca da mãe, se põe a chorar. Este fato ocorrido na infância de Sofia pode ter sido um aprendizado, isto é, um *imprinting* que pode ter trazido à vida dela dificuldades de administrar sua vida financeira, considerando inconscientemente o dinheiro que recebia de suas realizações profissionais como "sujo", sentindo-se infeliz e envergonhada por ser uma pessoa exitosa e próspera. Portanto, independentemente da fase do desenvolvimento (Piaget, 1971) em que estamos, dos modelos lacanianos (Lacan, 1966) repetidos ou das fases freudianas inevitavelmente experimentadas (Freud, 1916), podemos vivenciar e regredir por meio de *imprints* e **âncoras** associadas a situações da infância de forma inconsciente. Frequentemente, as sensações podem ser clareadas através da troca de uma perspectiva associada "**no tempo**" para uma perspectiva mais dissociada e mais ampla "**através do tempo**". Isso permite à pessoa entender como e por que ela tem a reação, então ela não mais parecerá tão irracional e amedrontadora. Com frequência, esta nova perspectiva pode automaticamente produzir uma mudança na resposta da pessoa, levando ao que Freud (1893-1895) chamou de "**correção associativa**".

Os **significantes causados por meio de imprints são sintomas que podem estar sendo vividos ou representados por meio de crenças.** O processo *reimprinting* envolve a criação de uma **linha de tempo física**, sobre a qual o indivíduo possa espacialmente localizar eventos ou períodos de tempo de sua vida. Dado que exteriorizar **estes eventos em uma linha de tempo facilita dissociar-se deles, para refletir e reavaliar as crenças que foram formadas como consequências deles.** Ao invés de simplesmente regredir até a experiência de *imprint* e revivê-la, o indivíduo pode ficar distante dela, ganhando novos *insights* e compreensões por meio da linguagem **ericksoniana** ou uma **âncora** espacial. Em seguida, é possível criar conexões associativas com recursos que eram necessários, mas que não estavam disponíveis no tempo em que aconteceram as circunstâncias do *imprint*.

Embora o *reimprinting* tenha uma série de similaridades com o processo **mudança de história pessoal** da PNL, existem também algumas diferenças-chave. A mudança de história pessoal lida principalmente com a influência de circunstâncias e eventos externos específicos. O *reimprinting* chama a atenção para como as forças internas ou **estruturas profundas,** tais como nossos modelos mentais de relacionamentos-chave com pessoas significativas, além do contexto externo, **moldaram nossas crenças, valores e sentido de** *self*. No *reimprinting*, a pessoa não **busca** meramente uma ressignificação de um evento do passado, mas preferivelmente uma **integração de momentos de vida, atualização das crenças e do sentido de identidade,** com respeito a um sistema de relacionamentos com pessoas significativas.

### Pesquisa transderivacional

É praticamente impossível identificar experiências do passado associadas com respostas e reações do presente sem pensar em **pesquisa transderivacional,** pois é a partir dela que **buscamos as causas dos sintomas vividos no presente. Fazendo um paralelo do processo de regressão da PNL com a Psicanálise**, compreende-se que é possível realizarmos uma

**regressão** no momento em que desvelamos o material reprimido do inconsciente, trazendo-o para o consciente interposto pelo método da **associação livre de ideias,** que auxilia o indivíduo a encontrar determinados eventos-chave, revivê-los e, em seguida, ter uma visão da experiência do passado, para que possa alterar o significado e a importância do evento em sua vida.

**Freud acreditou que as resistências e os estados de bloqueio ocorrem quando algo no presente proporciona ao indivíduo regredir a experiências anteriores e inconscientemente revivê-las ou, ao menos, partes delas. A PNL, por exemplo, utiliza-se da pesquisa transderivacional e hipnose ericksoniana de Milton Erickson para isso,** afirmando que estímulos e circunstâncias relativos a situações do presente podem fazer com que as pessoas se associem de volta em experiências do passado e respondam ou ajam de maneiras não úteis ou apropriadas no presente. Psicanaliticamente falando, é uma das formas de regredir à origem das resistências, no momento em que um mecanismo de defesa foi gerado e aprendido, expresso pelas vivências de cada **mapa**.

A **pesquisa transderivacional** é facilitada pelo uso da **linha do tempo** mental ou física e/ou uma 'âncora'. O uso de linha de tempo envolve que a pessoa se movimente mental ou fisicamente em direção ao seu passado. Por exemplo, uma **linha do tempo** pode ser colocada fisicamente no chão. A pessoa começa entrando no local que representa seu presente, olhando para o futuro. Depois ela é instruída a andar para trás 'no passado', enquanto foca sua atenção na sensação ou resposta problemática, percebendo quaisquer memórias ou associações que apareçam.

## A mudança de história pessoal

Na **mudança de história pessoal,** um sintoma é primeiro traçado 'no tempo' de volta às suas circunstâncias originais, de forma que a experiência pode ser vista 'através do tempo', para se obter uma visão mais ampla dos eventos. Por fim, os recursos são levados 'no tempo' para o evento original, criando uma nova percepção do evento e alterando seus efeitos emocionais. **Esta é uma das técnicas da PNL que permite que as pessoas encontrem e ressignifiquem eventos do passado que ainda estão causando problemas no presente.**

Neste processo, **a pessoa é convidada a focar sua atenção no afeto emocional específico que está criando a dificuldade** e permitir que a sensação (mesmo que ela seja desconfortável) a guie de volta a eventos do passado que compartilham a mesma reação emocional. Isso implica a busca de experiências das quais o sintoma atual ou a estrutura superficial tenham sido derivados. A **ancoragem** utiliza o processo de associação para criar um **gatilho ou 'âncora'** para a sensação ou resposta problemática. Esta âncora pode depois ser usada para ajudar a pessoa a manter sua atenção focada. Uma aplicação comum de ancoragem poderia ser com o facilitador tocando o indivíduo no ombro, braço ou joelho, quando este estiver vivenciando o estado-problema.

Obviamente, **ao transformar ou ressignificar a causa do sintoma por meio da pesquisa transderivacional,** o indivíduo mantém a memória da situação vivida intacta. Contudo, obtém-se um **mapa** alternativo às mesmas experiências, que oferecem diferentes e novas soluções para evitar que o sintoma apareça novamente, **reprogramando de forma sistêmica seu mapa comportamental.** Em razão de as novas escolhas e alternativas estarem associadas com as **pistas e experiências que fazem a estrutura profunda** por trás do estado-problema, elas serão automaticamente acessadas e avaliadas sem nenhum esforço do indivíduo, no futuro. Afinal, a **meta deste processo de cura é acompanhar e conduzir as experiências importantes da vida oferecendo escolhas e alternativas e não erradicá-las ou livrar-se delas.** Visto que as pessoas fazem as melhores escolhas disponíveis dadas as possibilidades e capacidades que são percebidas como disponíveis a partir de seu próprio modelo de mundo.

### Ponte ao futuro

Dizemos que uma pessoa conseguiu se **reprogramar** quando foi capaz de, **mentalmente, vivenciar no futuro as transformações da situação que foi ressignificada de forma ecológica e sistêmica**, mas para que isso ocorra o terapeuta deve certificar-se de que, ao final da técnica aplicada, solicite por meio de um comando específico que o sujeito experimente a situação desafiante superando-a com êxito, exprimindo o *feedback* característico da **Trilogia da Mente**.

Uma **ponte ao futuro** bem executada demanda algumas verificações por parte do **terapeuta**, uma vez que é confirmada pelo **sujeito a ecologia dos processos,** para que permitam que o sistema interno reprograme-se de forma sistêmica. É claro que ao falar de **permissões e ecologia dos processos internos** estamos falando de **crenças**, que podem ser **possibilitadoras ou limitantes,** dependendo da forma como elas se apresentam. Entretanto, caso o **terapeuta identifique um impedimento por parte do sujeito** para vivenciar as **transformações realizadas na ponte ao futuro,** existe a possibilidade de tratar-se de uma **agenda oculta**. Isto é, uma **crença limitante incidindo sobre aquilo que foi ressignificado ou não foi de fato,** pois não houve **permissão interna** para isso. As chances de o sujeito se reprogramar, neste caso, são pequenas. Sendo assim, é fundamental que o terapeuta siga investigando a causa do comportamento que está limitando o sujeito a fazer a mudança de forma ecológica e sistêmica. E, quando percebemos que **aquilo que está fazendo não o está levando ao estado desejado, é necessário seguir modificando o comportamento para obter um *feedback* positivo.**

**ferramentas de**
# PNL

# A PNL na minha vida

Guilherme Martinelli

24

## Guilherme Martinelli

Atuação nas áreas de *marketing* e vendas nos segmentos de *banking*, tecnologia e educação. Projetos LATAM em Madri e no Brasil. Atualmente atua como *coach* de carreira e de alta performance. Graduação em Economia (Mackenzie). Especialização em Negociações Econômicas Internacionais (Unesp). Pós-graduação em Comunicação Corporativa (EAE Business School/Universitat Politècnica de Catalunya).
Executive & Business Coaching / Certified Career Coach (SBCoaching/BCI). Meta-Coach Certification (ISNS and Meta-Coach Foundation). Master practitioner of Neuro-Linguistic Programming (PAHC/NLP University). EMPRETEC.

(11) 95956-0297
guillemartinelli@gmail.com
www.guilhermemartinelli.com.br

## ferramentas de
# PNL

PNL é uma ciência que estuda o funcionamento do cérebro humano desde o momento em que ele capta as informações do meio ambiente, a forma como ele as registra e atribui significados e, finalmente, a maneira como essas informações interferem em toda a lógica que há por trás da estrutura subjetiva da mente. Afinal, sistemas estão organizados em diferentes níveis lógicos de estrutura - ambientes, comportamentos, capacidades, crenças e valores, identidade e espiritual (universo/sistema) - e condicionam como nos relacionamos com outras pessoas, com o ambiente e com o universo.

Com a PNL pude compreender que cada ser humano é o melhor que pode ser, caso contrário, ele já seria naturalmente sua melhor versão, e me possibilitou ser mais flexível e menos crítico. Foi transformador me "apropriar" do seguinte pressuposto: "As pessoas fazem as melhores escolhas a cada momento, dadas as possibilidades e capacidades que são percebidas como disponíveis a partir de seu próprio modelo de mundo (mapa)". E ter incorporado o clássico pressuposto "O mapa não é o território" tem feito enorme diferença na minha vida pessoal e profissional.

Aprender que todo comportamento, por pior que pareça, tem uma intenção ou função positiva foi libertador e um divisor de águas para ressignificar algumas questões pessoais e para ter mais empatia e compreensão comigo mesmo e com os outros.

Têm sido muitos os aprendizados com a PNL. É um processo de melhoria contínua e de profundo autoconhecimento. Aceitar que "não existe fracasso, somente *feedback* e aprendizado", ou ter a certeza de que, "se é possível para o mundo, é possível para mim" têm me possibilitado ser uma pessoa mais generosa, empoderada e com maior capacidade de realização. E, assim, me apaixonei pela PNL.

Como "a energia vai onde está a nossa atenção", tenho a convicção de que quando pedimos algo ao universo com clareza e fé ele nos corresponde, por isso é essencial termos atenção e consciência plena sobre o que pensamos, sentimos, falamos e como agimos. E você, o que está pedindo e onde está colocando a sua atenção?

## Conflitos entre crenças limitantes

As crenças representam uma das estruturas mais importantes do comportamento e não se baseiam necessariamente numa estrutura lógica de ideias. Quando realmente acreditamos em algo, nos comportamos de maneira congruente com essa crença. Existem vários tipos de crenças que precisam estar no lugar para que a pessoa possa atingir o objetivo desejado.

Os sistemas de crenças são a grande moldura de qualquer trabalho de mudança. Podemos criar mudanças com a respectiva estrutura: 1) identificando o estado atual; 2) identificando o estado desejado; 3) identificando os recursos adequados (estados internos, fisiologia, informações ou habilidades) necessários para passar do estado atual ao estado desejado (e aí definir muito bem a meta de acordo com os critérios da Boa Formulação de Objetivos (BFO) e do Modelo Meta Smart); e 4) eliminando quaisquer interferências por meio do uso desses recursos.

É preciso querer mudar, saber como mudar e se dar a chance de mudar. Relacionados a isto estão quatro aspectos fundamentais e que influenciam fortemente o processo: 1) fisiologia, 2) estratégias, 3) congruência e 4) sistema de crenças.

Segundo Hélio Couto, nossas crenças mais fundamentais são construídas com as informações transmitidas pelos pais ou educadores, durante os anos de formação da personalidade, particularmente nos primeiros sete anos de vida.

Por sua vez, os conteúdos a nós transmitidos não passam de interpretações da verdade aceitas por aqueles que nos educaram (mapa). São suas próprias crenças, boas ou não, que nos são incutidas numa fase da vida em que estamos totalmente vulneráveis à influência das autoridades.

Isso está bem expresso no pressuposto da PNL que diz: "O mapa não é o território". Isto é, um mapa nada mais é do que a representação de um território. Da mesma forma, nossas crenças são apenas interpretações da realidade. Richard Bandler possui uma citação bem interessante: "Suas crenças não são feitas de realidade. A sua realidade que é feita de crenças".

Parte das crenças nasce também do aprendizado resultante das experiências que tivemos no decorrer da vida, além da influência que sofremos diariamente dos meios de comunicação, instituições de ensino, científicas e religiosas.

As crenças agem como verdadeiros filtros e determinam a forma como captamos os estímulos sensoriais que nos chegam e, logo, como percebemos o mundo. Da mesma forma, norteiam nossos pensamentos e sentimentos, que são as bases de nossas ações e comportamentos. E nossas ações e comportamentos, em última instância, determinam os resultados que obtemos em tudo o que fazemos na vida.

Algumas crenças limitam muito a expressão do potencial humano; podem abortar a manifestação dos talentos e solapar o desenvolvimento pessoal, sem que o indivíduo se aperceba disso, como um inimigo oculto e sorrateiro.

Essa é a grande questão, as pessoas não percebem que têm crenças limitantes e que essas crenças influenciam suas vidas o tempo todo. Mesmo quando percebem, nada fazem em relação a isso porque acreditam ser muito difícil ou até mesmo impossível de mudá-las. Tudo isso acaba gerando sentimentos de impotência, frustração e fracasso.

Um sistema de crenças em que a pessoa vive forma um paradigma pessoal. Ele foi implantado desde a gestação e nascimento, e passa a condicionar toda a sua vida. Normalmente, são crenças limitadoras que impedem sua evolução em todas as áreas. Sendo uma informação, qualquer crença pode ser trocada por outras do seu melhor interesse. Pode-se perceber o paradigma de uma pessoa de várias formas. Como ela se veste? Como se alimenta? Como anda? Como se expressa corporalmente? O que lê? O que compra? Quais seus pensamentos mais profundos? Quais os sentimentos de fundo? Como se comporta? Como trabalha? O que estuda? Como conversa com os amigos, colegas, chefe, nos relacionamentos? Como trata a mulher ou marido? Como trata os filhos? Como planeja o futuro?

De acordo com Hélio Couto, todos os nossos pensamentos, sentimentos e comportamentos emanam determinadas ondas, com frequências específicas que atraem ondas com frequências semelhantes para nós, por eletromagnetismo. Portanto, nós atraímos o que emanamos. Os acidentes de percurso são exceção à regra.

Logo, quando uma pessoa concentra sua atividade mental em suas crenças e valores (critérios a respeito do que é certo ou errado, verdadeiro ou falso, relevante ou não), pode ocorrer de se deparar com um estado limitante, em que há bloqueio, trava ou conflito que causa impedimento para alcançar um resultado desejado.

Importante saber que as crenças têm função protetora, protegem valores de hierarquia alta para o indivíduo (amor, segurança, integridade física, entre outros). Crenças e valores dão reforço (motivação e permissão) que apoiam ou bloqueiam as capacidades.

Com a ajuda de um profissional qualificado, é possível investigar crenças (conscientes e inconscientes), identificar e perceber o impacto que elas têm tido sobre nós, e modificar as que podem estar limitando ou impedindo nossa felicidade e autorrealização.

Já o conflito, segundo Robert Dilts, é definido como "um estado de desarmonia entre pessoas, ideias ou interesses incompatíveis ou antiéticos". Psicologicamente, um conflito é uma luta mental, algumas vezes inconsciente, resultando quando representações diferentes do mundo são mantidas em oposição ou exclusividade. Um conflito pode ocorrer entre partes internas (conflito interno) ou externamente com outros (conflito interpessoal).

Internamente, os conflitos ocorrem entre partes diferentes da experiência humana e em muitos níveis. Conflitos podem acontecer sobre comportamentos, por exemplo. Uma pessoa pode querer, por um lado, assistir a certo programa de televisão, mas, por outro lado, pode querer sair e fazer exercícios.

Conflitos em sistemas de crenças ocorrem quando duas ou mais crenças existentes são contraditórias ou incompatíveis. Por exemplo, uma pessoa pode ter uma crença: "É importante ver meu peso e parecer atraente", mas também acreditar "Eu deveria me aceitar como eu sou". Esse tipo de situação frequentemente cria um "duplo vínculo" (onde você está "condenado se fizer e condenado se não fizer").

Os conflitos internos acontecem quando duas ou mais 'partes' de uma pessoa usam comportamentos que são contraditórios. Os conflitos mais problemáticos ocorrem quando as partes opostas têm julgamentos negativos entre si. Vale ressaltar que uma mesma crença pode gerar diferentes comportamentos (que podem ser conflitivos), ou seja, formas diferentes de honrar a mesma crença. Freud acreditava que estas lutas internas eram, em última análise, as raízes de muitos problemas psicológicos.

Quando focamos no conflito interno, ou seja, a briga é entre duas partes da mesma pessoa, nunca se pode "vencer", segundo Freud: "Este conflito não é resolvido ajudando um lado a ter vitória sobre o outro... assim, um dos lados ficará insatisfeito".

A resolução envolve encontrar a intenção por trás do comportamento e gerar escolhas alternativas para alcançá-la. Entretanto, no caso do conflito, a questão é o confronto de intenções antagônicas. Como as partes estão com propósitos contraditórios, nenhuma alternativa pode ser produzida que satisfaça as duas intenções diretamente.

## Integrando partes conflitantes

Um dos modelos em PNL é o modelo de "partes internas". O conceito de "partes internas" foi criado na PNL como metáfora para sensação de conflito interno que experimentamos várias vezes ao longo da vida entre os diversos papéis que assumimos e entre desejos conflitantes que temos. Pressupor que em nós existam diversas "partes" é apenas um recurso imaginativo simbólico, entretanto, tal recurso é extremamente útil para que possamos interromper os conflitos.

Comece identificando quais partes em conflito você tem que te impedem de realizar um determinado objetivo. Tipos comuns de partes em conflito incluem: lógica x emoção; razão x intuição; crenças infantis x crenças adultas; passado x futuro etc.

1. Separe uma folha de papel para a parte 1 e outra para a parte 2.

2. Coloque-as a sua frente, uma à direita e outra à esquerda.

3. Identifique claramente o que cada parte realmente quer e escreva nas suas respectivas folhas.

4. Fique em terceira posição perceptual, como um observador externo (é desafiador, pois normalmente há uma tendência natural em apoiar mais uma das partes).

5. Descubra o propósito por trás dos quereres de cada parte (intenções maiores e valores). Pergunte a cada parte:

a) Por que realizar isso é tão importante?

b) O que isso traz de bom?

c) Se obtiver isso, o que de mais valioso ainda será obtido?

d) Qual é o valor mais profundo que isso honrará?

e) Quem mais se beneficiará disso? Para quem mais isso será bom?

f) O que é mais importante a respeito disso?

Assim que detectar a intenção mais elevada que surgiu como resposta (valor/critério) escreva na folha da respectiva parte. Faça o mesmo processo para a outra parte.

6. Separe os comportamentos e querer inicial das intenções maiores que foram descobertas e escreva essas informações em cada folha/parte.

7. Reconheça a importância das intenções mais elevadas e valores de ambas as partes.

8. Escreva em cada papel as três melhores qualidades da parte 1 e da parte 2 respectivamente.

9. Agora, imagine que essas partes são seus dois melhores amigos e que está indo com eles para uma festa. Pergunte-se como você apresentaria essas duas partes de maneira honrosa para as pessoas da festa enaltecendo as qualidades de cada uma delas.

10. Nomeie as partes, de forma que o nome seja uma síntese das melhores qualidades de cada uma, personificando-as como super-heróis, ídolos, animais ou uma profissão... Escreva o nome de cada parte em suas respectivas folhas.

11. O que você acha que as partes diriam uma para a outra se pudessem dialogar e se conhecer melhor?

12. Que opinião você acredita que cada uma delas tem a respeito da outra?

13. O que elas precisariam ter para serem as melhores sócias? O que elas poderiam ter em comum? Levante três pontos comuns.

14. Em uma nova folha, que deve ficar no meio das duas outras folhas (partes), escreva as intenções maiores, os três maiores pontos comuns, valores e as melhores qualidades de cada uma (de forma a mesclar/fundir tudo isto nesta nova parte).

15. Com a mão esquerda sobre a parte/folha esquerda e a mão direita sobre a parte/folha direita arreste-as simultaneamente em direção ao centro, no seu tempo (nem rápido, nem devagar), de forma que as duas velhas partes/folhas fiquem debaixo da nova parte/folha que representa a mais nova parte agora integrada, consolidada e poderosa.

16. Que nome você poderia dar para essa nova parte integrada? Escreva um nome que represente o poder desta fusão, integração... (por exem-

plo: super-homem, mulher-maravilha... um nome que represente esta nova parte fruto dessa sinergia).

17. Crie novas soluções e ideias que atendam perfeitamente as intenções maiores dessa nova parte. Use sua flexibilidade e criatividade.

18. Escolha a opção ou as opções que melhor atendam esta nova parte.

19. Agora, dê exemplos do que você irá fazer com esta nova parte. Quando? Como? Onde? Com alguém?

20. Imagine como é ir tanto para seu passado quanto para seu futuro, levando esta integração com você, e experimente como ela influencia positivamente os eventos de sua vida. Uma vez que o cérebro tiver experimentado esse processo, o comportamento ficará automaticamente disponível em situações vindouras.

Finalizo meu capítulo com a célebre frase de C. G. Jung: "O que você resiste, persiste". Sendo assim, aquilo contra o que você aponta a sua resistência consegue permanecer. Aceitar e reconhecer a intenção positiva de cada parte é o primeiro passo para uma integração ecológica - harmônica e respeitosa para o sistema.

**ferramentas de**
# PNL

# Integrando SOAR-PNL ao *Coaching* da Matriz

Fulvius Titanero Guelfi

25

**Fulvius Titanero Guelfi**

*Master practitioner* em Programação Neurolinguística, pela PAHC/NLPU.
*Meta coach* pela MCF – *Meta Coaching Foundation.*
*Life e professional coaching* pela BCI – Behavioral Coaching Institute.
Atua como *meta coach* nos segmentos *Group Life Coaching, Business Coaching e Professional Coaching.*
Líder do Chapter SP da comunidade Meta Coaching apoiado pela MCF.
Como *meta coach* facilita os processos de pessoas e empresas com foco profissional e de autorrealização.

"Percebi que o foco na solução, o gerenciamento das expectativas e a percepção com base sensorial dos eventos são significantes no trajeto dos indivíduos em direção às suas metas. Eu me pergunto o quanto você quer perceber como será, enquanto você estiver experimentando o melhor desempenho dos seus potenciais ainda hoje."

(11) 94299-3020
fulvius@gpmail.com.br
www.metacoachbrasil.com.br

Quero compartilhar com você a experiência de aprender e poder trazer para o seu mapa de mundo outras formas de perceber as mesmas coisas. Vamos à ferramenta que selecionei para apresentar, em primeiro plano, o Modelo SOAR.

## O Modelo SOAR

O significado do acrônimo SOAR em Inglês é *State, Operator and Results* - em Português, Estado, Operador e Resultado -, modelo que foi desenvolvido por Allen Newell, Herbert Simon e Clifford Shaw como referência para a criação de programas de computador, capazes de utilizar um processo de aprendizado que define a perícia no lugar de um processo empírico com base em tentativas e erros, com o objetivo final de desenvolver a inteligência artificial em jogos de xadrez.

Através do modelo, os programas poderiam definir uma sequência de operadores, que para o xadrez representam as jogadas legais possíveis durante o jogo, então aplicadas a um "espaço problema", espaço que delimita um conjunto de parâmetros onde os estados podem ser representados. O "espaço problema" no xadrez é representado pelo tabuleiro, o conjunto de regras do jogo, os jogadores, as peças etc... A aplicação do modelo que é passar de um estado inicial a um estado de resultado objetiva no jogo de xadrez o xeque-mate do rei adversário. A solução depende da descoberta de operadores eficientes para a transformação do "estado" em "resultado". A estratégia utilizada para alcançar o resultado é a priorização de regras condição-ação "SE perceber determinado estado, ENTÃO aplique determinada sequência de operadores". Em momentos de impasse, o processo recorre a submetas e suboperadores que são gravados e lembrados como novas regras condição (SE) – ação (ENTÃO).

Este modelo foi concebido e definido para que o processo de aprendizado da inteligência artificial passasse a um modelo de pensamento que leva em conta os meios e os fins, fazendo com que o sistema pudesse selecionar o que parece ser melhor a cada momento. A eficiência na solução de um problema passa por a) identificação do espaço problema; b) avaliar os estados relevantes que podem ser alcançados e evitados; c) aplicar os operadores necessários para se mover de um estado a outro.

## O modelo SOAR e a PNL

Ao identificar o "espaço problema" do ser humano, sob o ponto de vista da PNL sistêmica, podemos chamar de "espaço de trabalho conceitual para Estados e Intervenção da PNL", consideramos que relacionamentos com pessoas e objetivos são dimensões das interações dos seres humanos determinando três eixos principais: o do EU, o dos OUTROS e o das METAS.

A percepção dos estados dentro do sistema vem pela subdivisão destes três eixos. No eixo do EU então temos os níveis de mudança e interação que o EU experimenta. Neste eixo se apresentam os níveis: ambiental, comportamentos, capacidades, crenças e valores e o da identidade. No ponto onde o eixo do EU se encontra com o eixo dos OUTROS então temos a primeira divisão do eixo dos OUTROS que é a 1ª posição perceptiva, na qual o sujeito tem seu ponto de vista; encontramos mais duas divisões neste eixo, a 2ª posição perceptiva, que é a percepção de pessoa(s) envolvidas no objetivo, e a 3ª posição perceptiva, que é a percepção de um observador não envolvido. Agora, o último eixo do "espaço" do ser humano, definido por três subdivisões do eixo das METAS, merece atenção, neste ponto é preciso selecionar entre dois modelos de divisão possíveis, que serão utilizados segundo o objetivo a desempenhar. Os modelos de divisão podem ser:

| | |
|---|---|
| **Prazo** | 1) Curto |
| | 2) Médio |
| | 3) Longo |
| **Tempo** | 1) Presente |
| | 2) Passado |
| | 3) Futuro |

## Espaço de trabalho conceitual para "estados" e intervenção da PNL

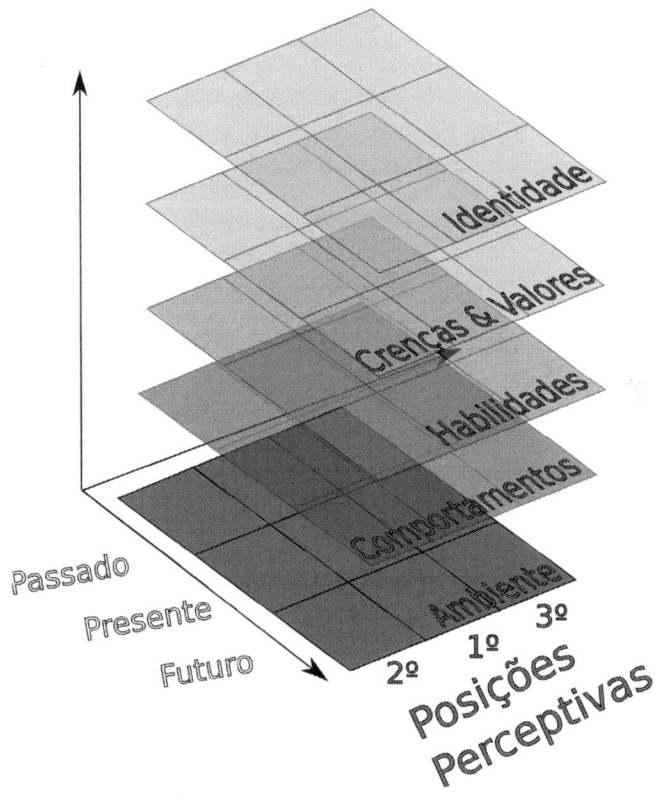

*Identidade*
*Crenças & Valores*
*Habilidades*
*Comportamentos*
*Ambiente*

*Passado*
*Presente*
*Futuro*

2º  1º  3º
Posições Perceptivas

* SOAR-PNL
Baseado em modelo extraído da apostila do *Master Practitioner* PAHC / NLPU - Robert Dilts

"Trepa-trepa" da PNL. Uma experiência cinestésica deste espaço se assemelha à brincadeira infantil, como se pudesse mover e escalar em torno e por dentro da estrutura de "estados" que se encontram em cada nível de mudança para sua posição perceptual e período de tempo.

### Operando o SOAR-PNL

Cada espaço do SOAR-PNL é definido por: a) padrões e pistas de linguagem (Programação), b) representações sensoriais e submodalidades (Neuro) e c) expressões e manifestações do comportamento (Linguística). Este modelo traz à consciência possibilidades de estados ricos e pobres de recursos em que podemos entrar ao nos relacionarmos com os outros durante o tempo de um objetivo. A partir desta consciência, o explorador tem as ferramentas para as transformações que forem mais significantes, intrínsecas, atraentes e ecológicas.

Em muitos casos, a consciência sistêmica gerada pela brincadeira de escalar o "Trepa-trepa" da PNL já basta para a tomada de decisões sobre como se quer lidar com o jogo interno. Por outro lado, é possível que o explorador ainda queira ser mais facilitado dentro de uma estratégia para a transformação sistêmica. Neste caso e em muitos outros o facilitador pode dispor de ferramentas que a própria PNL traz, porém, como associado da Meta *Coach Foundation* posso apresentar o *Coaching* da Matriz.

## SOAR-PNL integrado ao *Coaching* da Matriz

Matrizes para o Meta *Coaching* são os locais onde ficam organizados nossos enquadramentos. No sistema mente - corpo - emoção, enquadramos estímulos cognitivos, as sensações que os estímulos provocam e a resposta comportamental que entendemos ser a melhor, às vezes de forma automática. Os enquadramentos são embutidos em enquadramentos, então organizados dentro de infinitas matrizes que iremos utilizar para referência. No entanto, existem sete principais matrizes que são acionadas em nosso sistema. Matrizes que são ativadas por dentro, pelo que processamos no sistema, e por fora, por estímulos recebidos, sendo duas as matrizes de processo, conhecidas como Matriz de Significado e Matriz de Intensão, a primeira responsável pela organização dos significados que atribuímos, a segunda pela organização das intensões que percebemos. Existem mais cinco matrizes de conteúdo, que são: 1) Matriz de *Self* (Eu), 2) Matriz dos Outros, 3) Matriz dos Poderes, 4) Matriz do Tempo e 5) Matriz do Mundo (Ambiente).

Agora, você já pode perceber como a totalidade dos enquadramentos que fazemos ativa ao menos uma destas matrizes. Concordando com o entendimento de que damos significado a tudo que fazemos, pensamos, falamos e sentimos, a matriz de significado é a principal. Em um outro nível, podemos perceber o significado da intensão de um estímulo, sensação ou comportamentos que temos ou, ainda, você pode perceber agora o seu pensamento sobre você estar lendo este capítulo, e perceber os significados que existem aí.

O modelo apresenta a matriz de aterramento, a matriz de estados, forma a base sensorial da experiência individual, definida por enquadramentos embutidos em enquadramentos que estão embutidos em outros enquadramentos. É nosso estado de consciência, um estado que define todos os nossos pensamentos e autorreflexividade. A todo instante estamos em um estado e passando de estado para estado.

O Modelo da Matriz é como um mapa para executarmos o processo proposto pelo sistema Meta *Coaching* de transformação sistêmica, logo, podemos, a partir de uma sessão onde foi utilizado o modelo SOAR-PNL, utilizar o *Coaching* da Matriz para facilitar a tomada da decisão mais ecológica, podendo ainda experimentar agora os efeitos das mudanças que o explorador detectou serem necessárias para alcançar seus objetivos e metas, seu estado desejado.

\* O *Coaching* da Matriz
Baseado em modelo extraído da apostila do Meta *Coaching* - PhD. dr. L. Michael Hall

## O padrão do *Coaching* da Matriz

O *Coaching* da Matriz consiste em entrar na matriz do explorador e facilitar o processo de transformação sistêmica dado pelo padrão que aqui será apresentado, no entanto, o processo de entrar na matriz do explorador não deve ser menosprezado, e a explicação do processo de entrar na matriz renderia só ele outro capítulo deste livro. Meu objetivo, no entanto, é trazer à consciência do respeitável leitor novas percepções e caminhos, assim, é mister declarar que este processo só pode ser executado, desta forma, por um *meta coach* habilitado.

O padrão do *Coaching* da Matriz é iniciado pela identificação precisa dos gatilhos no mundo externo que estão disparando o estado experimentado pelo explorador. O estímulo ou conjunto de estímulos que provoca o estado. Através da exploração, teste, checagem e verificação o facilitador conduz o explorador à consciência franca dos enquadramentos, estados e metaestados.

Num próximo passo, o explorador começa a desvendar o estado aterrado em base sensorial, por meio da indução do estado, elucidando quais são as variações de intensidade que este estado tem, entregando ao explorador a tarefa de nominalizar o estado, explorando os significados possíveis e intenções que podem ser percebidas no estado. Agora, o facilitador convida o explorador a pensar sobre o *frame* diretor da experiência, o pensamento que o explorador percebe ser o mais imediato e automático a respeito do estado que foi percebido, assim como as bases, em nível de identidade, crenças e valores que sustentam os gatilhos e enquadramentos de significância que provavelmente vão surgir no processo.

Através da reflexão linguística da energia que o explorador está externando, o facilitador vai então convidar ou sugerir a exploração das camadas profundas que podem existir no *frame* anterior, com questões sobre consequências, crenças, e valores que podem estar envolvidos na percepção de ter pensado em coisas profundas como as que surgiram. Então o facilitador pode ir até o topo da estrutura de metaníveis, explorando principalmente cada significado e intensão que existem nos estados e metaestados. Assim o explorador está pronto para perceber o controle de qualidade que será proposto pelo facilitador. Em metaposição, o explorador poderá entender como todo o conjunto de informação explorada até aquele momento o atende. Se é a melhor forma com a qual ele pode lidar com a situação que se apresenta. Se existe um contexto empoderador ou limitador nos enquadramentos de crenças, de significado, de compreensão e de decisão. Como o explorador percebe o encantamento que este conjunto de pensamentos pode ter.

Após uma importante reflexão sobre os enquadramentos e estados, o facilitador transita o explorador para fora da matriz, fazendo-o pensar em como ficariam as coisas se o explorador não tivesse de pensar, sentir e acreditar da maneira que está acostumado a fazer, fazendo com que o explorador perceba que pode agir de formas diferentes daquela. Começa então a exploração dos novos pensamentos, sensações, crenças e compreensões que o explorador poderia ter, como seria a resposta mais eficiente para o gatilho apresentado no início. A construção da nova matriz se inicia pela consciência do estado que o explorador gostaria de alcançar como se estivesse em um novo conteúdo, checando e validando as nominalizações do estado desejado e a variedade de recursos que vem com este estado.

Em um período de autorreflexão do explorador, o facilitador pretende observar as crenças e valores que o explorador já tem e que possibilitam a ele experimentar agora o estado que deseja, que vai possibilitar o alcance dos estados de "xeque-mate no adversário" metaforicamente falando. Então o explorador agora já sabe o que quer mudar, em que intensidade será feita esta mudança, quando, com quem ele irá mudar, como ele vai se sentir com isso, o que ele acredita sobre a mudança e sobre o estado que ele vai alcançar após a mudança, entre outras revelações. Agora é hora do controle de qualidade da nova matriz, existe alguma objeção ao provar o novo estado no futuro?

O agradecimento ao fim da sessão vem por conta da maravilhosa oportunidade de usar a forma da linguagem para promover as mudanças importantes e profundas na vida das pessoas, muitas vezes você como facilitador irá perceber quantas coisas ficaram a ser exploradas, checadas, validadas e testadas, tantos aspectos que ficaram a trazer para a consciência, então, lembre-se de que os processos são do explorador, que a você basta "o não saber".

## A importância da PNL, minha percepção e experiência

Ao buscar na gama de experiências que já passei uma que fosse a MAIS IMPORTANTE que a PNL já me proporcionou, com certeza foi a possibilidade de ter a consciência de que existem processos que regem o meu comportamento, da forma como encaro os meus modelos de mundo, de ter a possibilidade de trabalhar na facilitação destes processos tanto em mim quanto em outras pessoas.

A felicidade se baseia na quantidade e qualidade das escolhas que temos a cada instante que de forma presente decidimos por nos aproximar do que nos atrai ao mesmo tempo em que nos afastamos do que não queremos. Quando eu percebo que meu sistema me traz a resposta "Existe um processo acontecendo", posso perceber em um nível mais profundo a sensação de estar participando de um processo sucessivo de transformação que começou lento muitos anos atrás e que vem tomando corpo nos últimos tempos. A consciência de que este processo existe me proporciona uma gama infinita de possibilidades de escolha a cada instante, me tornando mais feliz e realizado. Percebo em meu processo um alto nível de significância, percebo também que poderia ter escolhido de outra forma, e gosto disso.

Nesse caminho que percorro, angariei o conhecimento necessário para escolher dar significado e atenção ao que desejo, a experiência de praticar em nível master as ferramentas que possibilitam a facilitação do processo de alcançar o que desejo vem cada dia mais me provando que, apesar de já ter encontrado certo nível de excelência em algumas habilidades, ainda tenho muito que descobrir sobre o "quem eu sou", desvendando profundamente o "como eu sou e quem eu sou".

ferramentas de
**PNL**

Prezado leitor,

Você é a razão de esta obra existir, nada mais importante que sua opinião.

Conto com sua contribuição para melhorar ainda mais nossos livros.

Ao final da leitura acesse uma de nossas mídias sociais e deixe suas sugestões, críticas ou elogios.

WhatsApp: (11) 95967-9456
Facebook: Editora Leader
Instagram: editoraleader
Twitter: @EditoraLeader

Editora Leader